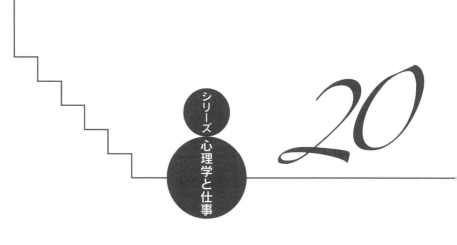

シリーズ 心理学と仕事 20

ICT・情報行動心理学

太田信夫 監修
都築誉史 編集

北大路書房

主に活かせる分野／凡例

 医療・保健
 福祉・介護
 教育・健康・スポーツ

 司法・矯正
 産業・労働・製造
 サービス・販売・事務

 IT・エンジニア
 研究・開発・クリエイティブ
 建築・土木・環境

監修のことば

> いきなりクエスチョンですが，心理学では学会という組織は，いくつくらいあると思いますか？
> 　　　　　　10？　20？　30？　50？
> 　　　　　　　　　　　　　　　　　　　　（答 ii ページ右下）

　答を知って驚いた方は多いのではないでしょうか。そうなんです。心理学にはそんなにもたくさんの領域があるのです。心理学以外の他の学問との境界線上にある学会を加えると100を超えるのではないかと思います。

　心理学にこのように多くの領域があるということは，心理学は多様性と必要性に富む学問である証(あかし)です。これは，心理学と実社会での仕事との接点も多種多様にさまざまであることを意味します。

　折しも心理学界の長年の夢であった国家資格が「公認心理師」として定められ，2017年より施行されます。この資格を取得すれば，誰もが「こころのケア」を専門とする仕事に従事することが可能になります。心理学の重要性や社会的貢献がますます世間に認められ，大変喜ばしい限りです。

　しかし心理学を活かした仕事は，心のケア以外にもたくさんあります。私たちは，この際，心理学と仕事との関係について全体的な視点より，整理整頓して検討してみる必要があるでしょう。

　本シリーズ『心理学と仕事』全20巻は，現代の心理学とそれを活かす，あるいは活かす可能性のある仕事との関係について，各領域において検討し考察する内容からなっています。心理学では何が問題とされ，どのように研究され，そこでの知見はどのように仕事に活かされているのか，実際に仕事をされている「現場の声」も交えながら各巻は構成されています。

　心理学に興味をもちこれからそちらへ進もうとする高校生，現在勉強中の大学生，心理学の知識を活かした仕事を希望する社会人などすべての人々にとって，本シリーズはきっと役立つと確信します。また進路指導や就職指導をしておられる高校・専門学校・大学などの先生方，心理学教育に携わっておられる先生方，現に心理学関係の仕事にすでについておられる方々にとっても，学問と仕事に関する本書は，座右の書になることを期待していま

す。また学校ではテキストや参考書として使用していただければ幸いです。

下図は本シリーズの各巻の「基礎－応用」軸における位置づけを概観したものです。また心理学の仕事を大きく分けて,「ひとづくり」「ものづくり」「社会・生活づくり」とした場合の,主に「活かせる仕事分野」のアイコン(各巻の各章の初めに記載)も表示しました。

なお,本シリーズの刊行を時宜を得た企画としてお引き受けいただいた北大路書房に衷心より感謝申し上げます。そして編集の労をおとりいただいた奥野浩之様,安井理紗様を中心とする多くの方々に御礼を申し上げます。また企画の段階では,生駒忍氏の支援をいただき,感謝申し上げます。

最後になりましたが,本書の企画に対して,ご賛同いただいた各巻の編者の先生方,そしてご執筆いただいた300人以上の先生方に衷心より謝意を表する次第です。

監修者
太田信夫

(答 50)

はじめに

　私たちの日常生活は，特定の情報に基づいた判断と意思決定の連続です。一般には情報と聞くと，コンピュータやインターネットを連想します。つまり，情報という言葉は理系のイメージが強いですが，本書は情報を活用する人間の側に立っています。本書では，情報機器を含む人工物の使いやすさ，インターネットを介した人間関係，メディアの影響，集団による課題遂行とインターネット，ビッグデータを用いた分析といったテーマについて，仕事との関わりにも焦点を当てながら，心理学の観点から解説します。

　ICT（Information and Communication Technology）は，通常，「情報通信技術」と訳されます。ただし，「コミュニケーション」は重要な心理学の概念であり，情報の送り手の特性，送るメッセージの内容，用いるメディアの種類，情報の受け手の特性とそのおかれた状況といった，様々な要因が関わります。なお，ICT と IT はほぼ同義であり，ヨーロッパでは ICT が，米国では IT が用いられる傾向があります。

　文部科学省は，2014 年に，ICT を活用した教育の推進に関する報告書を公表しています。重要な内容が述べられていますので，同報告書から要点を抜き出し，補足してわかりやすく書き直したものを以下に示します。

　　我が国は，1 人当たり GDP の順位が，近年，大きく低下しており（2015 年には 26 位），グローバル化が急激に進展する中，国際的な存在感の低下が懸念されています。我が国の世界経済フォーラム・ICT 競争力ランキングは，2013 年，143 の国と地域の中で 21 位まで後退し，2014 年は 18 位でした（ただし，2015 年は 10 位に上昇しています）。

　　我が国では，2013 年，高度情報通信ネットワーク社会推進戦略本部において，世界最高水準の IT 社会を目指せるような人材育成に取り組むため，「創造 IT 人材育成方針」を策定し，「情報活用能力」をすべての国民が身につけるよう政策を推進しています。

　　情報活用能力とは，①情報活用の実践力，②情報の科学的な理解，③情報社会に参画する態度をさします。我が国の企業における IT 人材の不足感はさらに高くなっており，深刻な状況にあります。IT 活

用の裾野拡大が不可欠であり，初等中等教育段階からの情報教育の推進が強く望まれています。

　2013年の情報通信産業の市場規模は82.2兆円で，全産業の8.7%を占め，情報通信産業は全産業の中で最大規模となっています。したがって，学問の発展と社会貢献の関係に焦点を当てる「シリーズ　仕事と心理学」の趣旨からいえば，ICT・情報行動心理学は仕事との関係で，現在，最も重視されるべき分野の1つと位置付けることができます。

　本書は6章から構成されています。以下，6章の内容を大まかに要約して紹介します。

　第1章「ICT・情報行動心理学への招待」では，1節で，ICTの基本概念，本書で扱う4領域（認知工学，インターネット心理学，メディア心理学，ビッグデータ分析）について説明します。2節では，ICT・情報行動心理学の研究方法について整理し，研究事例を紹介します。3節では，インターネットに焦点を当て，フレーミング（炎上），インターネット利用と社会的スキルが対人関係に及ぼす影響，ソーシャル・ネットワーキング・サービス（SNS）の利用動機について説明します。4節では，メディアの信頼性判断に関するモデルと，震災発生時における匿名電子掲示板への信頼に関する研究を紹介します。5節では，ソーシャルロボットに関する心理学的研究について説明します。最後の6節では，個人，ICT，仕事，組織の相互作用に関する理論的な枠組みを示します。

　第2章「人工物の使いやすさの心理学」では，1節で，心理学－工学の学際的研究と，人間中心の設計について説明します。2節では，人と機器とのインタフェース（接面）と，デザインの基本原理について述べます。3節では，ユーザビリティ（使いやすさ）の定義，ユーザエクスペリエンス（満足感），誰にでも使えるユニバーサルデザイン，使いやすいマニュアルについて説明します。4節では，使いやすさを評価する様々な手法（ユーザビリティテスト）と，複数の研究事例を紹介します。5節では，ヒューマンエラー種類と，その対策について述べます。

　第3章「インターネット上の様々なトラブルと対応」では，1節で，若年層における情報通信機器の普及と，様々なトラブルの発生について紹介します。2節では，ネットいじめ被害者の心理と相談行動の困難さ，加害者の心理，従来型いじめとの関連について説明します。3節では，会った

ことがない相手への好意が高まる過程と，インターネットを介した出会いを求める心理的背景について述べます。4節では，ネットいじめ被害者・加害者への対処と，ネットを介した出会いへの対応について考察します。

　第4章「メディアの影響に関する心理学」では，1節で，メディア影響研究の方法（調査研究，同一対象に複数回の調査を実施するパネル調査，実験室実験，数多くの研究結果を集約するメタ分析）を紹介します。2節では，テレビゲームにおける暴力シーンの影響，仮想コミュニティを活用した社会性訓練，インターネット使用と抑うつや攻撃性，インターネット依存といった4つの研究について説明します。3節では，メディア影響研究に関わる仕事と，メディア影響に対する取り組み機関について，具体的に紹介します。

　第5章「集団による課題遂行とコミュニケーション」では，1節で，集団の特質と阻害要因，コンピュータを介したコミュニケーション（CMC），集団課題のモデルについて述べます。2節では，集団意思決定の結果が極端な方向にシフトする集団極性化現象と，CMCで生じやすい同現象を説明する理論を紹介します。3節では，問題解決課題における対面とCMCの違いについて説明します。4節ではアイデア創出課題（ブレインストーミング）と，電子ブレインストーミングシステムについて紹介します。5節では，集団極性化現象とフレーミングの密接な関係と，匿名ではない職場のCMCの実態について説明します。6節では，職場における集団課題遂行を支援するシステムについて紹介します。7節では，CMCによる集団課題遂行の特徴を整理し，仕事との関係について検討します。

　第6章「ビッグデータを用いた人間行動の分析」では，1節で，日常生活を通して取得される人間行動データや，ビッグデータの種類と特徴について説明します。2節では，ビッグデータと産業の関係や，ビッグデータの活用を支える学術分野について紹介します。3節では，ライフスタイルを理解する手法と，ライフスタイルに基づく購買行動の分析について述べます。4節では，従業員満足の構造と，顧客・従業員・企業からみたサービスの価値について考察します。

　インターネット登場後の社会は，高度情報化社会とよばれています。現在，社会の隅々までICTが入り込み，私たちは日常的に情報機器に囲まれて生活しています。さらに，非常に多くの多様な機器が，インターネットにつながるようになりました。今後この傾向が，職場や生活の場でさらに先鋭

化することは間違いありません。

　仕事の場では，人間（ユーザ）と集団，業務（タスク），情報機器・技術（ICT），職場環境，業務組織の目標といった要因が，複雑に相互作用しています。先に紹介したように，情報化の進展は，人間の認知，感情，行動に様々な影響を及ぼしています。業務の遂行結果だけではなく，個々人の満足度や達成感といった要素も軽視できません。ICT・情報行動心理学による実証的な知見が，情報化が高度に進んだ職場や日常生活における深刻な問題を改善するため，今後，ますます重要になると考えます。

　末筆ながら，素晴らしい原稿をいただいた，各分野で第一人者としてご活躍中の4名の先生方に，心よりお礼申し上げます。また，本書の公刊という貴重な機会を与えて下さいました監修者の太田信夫先生と，北大路書房の皆様にも重ねてお礼申し上げます。

編　者
都築誉史

目　次

監修のことば　i
はじめに　iii

第1章　ICT・情報行動心理学への招待　1
1節　ICT・情報行動心理学とは何か　1
2節　ICT・情報行動心理学の研究方法　5
3節　インターネット　8
4節　情報への信頼　11
5節　ロボット　14
6節　個人，ICT，仕事，組織　18

第2章　人工物の使いやすさの心理学　21
1節　モノづくりに重要な心理学　21
2節　機器とのインタラクション　24
3節　使いやすいモノとは？　31
4節　使いやすさを評価する　36
5節　ヒューマンエラーに強い機器を　40

- 現場の声1　わかりやすいマニュアルを作る仕事 …………………………… 46
- 現場の声2　ギャップを埋めるユーザビリティテスト …………………………… 48
- 現場の声3　「人は誰でも間違える」の意識を現場で活かしたい …………… 50

第3章　インターネット上の様々なトラブルと対応　51
1節　ネット上のトラブルに関する現状　51
2節　ネットいじめ　57
3節　インターネットを介した出会い　64
4節　ネットトラブルに対してどのように対処していくべきか　70

- 現場の声4　ICTと職場内外のコミュニケーション …………………………… 75
- 現場の声5　SNSを介したゆるいつながりとその効果 …………………………… 77

第4章　メディアの影響に関する心理学 —方法，実際，仕事—　79
1節　メディア影響研究の方法　79
2節　メディア影響研究の実際　87
3節　仕事との関係　97
4節　最後に　101

- 現場の声6　メディアの影響問題に関する社会貢献活動 …………………… 102

第5章　集団による課題遂行とコミュニケーション　　107

 1節　問題と目的　107
 2節　意思決定課題　110
 3節　問題解決課題　115
 4節　アイデア創出課題　116
 5節　研究の展開　119
 6節　職場における集団課題遂行を支援するシステム　122
 7節　まとめ，仕事との関係　124

 ● 現場の声7　心理学出身のデータアナリスト職の強みと弱み ……………… 128
 ● 現場の声8　自動運転における認知的負荷と注意 ………………………… 130

第6章　ビッグデータを用いた人間行動の分析　　133

 1節　サービスや製品を通して取得されるビッグデータ　133
 2節　ビッグデータの活用に関連する学術分野　138
 3節　生活者のライフスタイルとサービスの利用　142
 4節　顧客満足度と従業員満足度の関係　147

 ● 現場の声9　覆面調査や従業員満足度調査を用いたコンサルティング …… 153

 付録　さらに勉強するための推薦図書　155
 文献　157
 人名索引　167
 事項索引　168

第1章
ICT・情報行動心理学への招待

1節 ICT・情報行動心理学とは何か

1. ICTの基本概念

　本書のキーワードである「情報（information）」という言葉の浸透は，産業の発展と深く関連しています。人間は道具を進化させて産業を発展させてきました。道具は，人間が本来もっている様々な能力を拡大・強化する機能をもちます。例えば，望遠鏡は視力を，自動車は人間が走行する能力を，コンピュータは知的能力を拡大・強化してくれます。

　20世紀には情報機器の発明によって，情報革命という第3次産業における革命が達成されました。情報技術の発展に伴う技術革新をIT（Information Technology）革命とよび，IT革命によって進展した社会の構造変化を情報革命と称して区別することがあります。IT革命の進展や，インターネットの普及によって，現代社会では，情報とメディアの性質を理解し，それを使いこなすための情報リテラシーが一般の人々に求められています。

　通常，「データ」は現実世界の事象に関する客観的な事実を，数値，文字，画像，音声などで表現したものです。これに対して，「情報」は受け手に影響を与える意味，有用性，価値を含んでいる点が異なります。情報は，どの程度厳密に表現できるか，正確に伝達可能か否

かという点が重要です。川上（2001）によれば，日本では明治以来，情報という言葉は軍事用語として使われることが多く，現在用いられている語意が一般に定着したのは，1970年代後半以降であるとされます。

もう1つのキーワードである「メディア」(media：媒体）とは，情報の表現，伝達，記録などに用いられる手段（物や装置）をさします。メディアは，コミュニケーションの手段と，記録の手段という2つの側面をもちます。特に1960年代以降，テレビ，新聞，雑誌，ラジオなど報道に関わる諸機関（マスメディア）が人々に大きな影響を及ぼしてきました。これに対し，1990年代以降，インターネットがまったく新しい情報環境をもたらすようになりました。

2. 認知工学，インターネット心理学，メディア心理学，ビッグデータ

特定の学問分野について検討する際に，その分野を専門とする学会があるかどうかをまず確認すべきでしょう。本シリーズ・各巻のほとんどに対応する学会はそれぞれ活動中ですが，「ICT・情報行動心理学」に対応する学会は存在しません。心理学分野では認知心理学会，基礎心理学会，社会心理学会，学際領域では認知科学会などで関連した研究が数多く発表されています。一方，理系では情報処理学会，電気情報通信学会，人間工学会，人工知能学会など数多くの学会が関連します。

オックスフォード大学出版局によるOxford Library of Psychologyという定評のあるハンドブック・シリーズがあります。その中でICT・情報行動心理学と最も強く関連するのは，「認知工学（Cognitive Engineering; Lee & Kirlik, 2013）」「インターネット心理学（Internet Psychology; Joinson et al., 2007）」「メディア心理学（Media Psychology; Dill, 2013）」の3冊であると考えます。本書では，「ICT・情報行動心理学」を，認知工学，インターネット心理学，メディア心理学を含む学際的な応用心理学として把握したいと思います。

認知工学は，人間の認知を支援する目的で，認知科学の分野で得られた成果を，機械の設計に適用する応用的な学際領域です。つまり，使いやすい人工物を実現するために研究を行います。例えば，情報機器に代表される人工物と人間との相互作用に関する検討がなされてき

ました。

　認知工学では，ユーザインタフェース（user interface）という概念が重要であり，人間が人工物（特に情報機器）と関わる部分をさします。インタフェースとは接面という意味で，2つの異なる物質が接する境界面のことです。現在のコンピュータでふつうに用いられている，デスクトップにアイコンが並び，マウスなどによって直感的な操作が可能なグラフィカルユーザインタフェース（GUI）が普及したのは，1990年代です。

　特に近年，インターネット関係の心理学研究が非常に盛んです。2001年に，「シリーズ　21世紀の社会心理学」の5巻として『情報行動の社会心理学―送受する人間のこころと行動―』が出版されました。同書は，社会に開く，社会を知る，社会につながる，社会を動かす，といった4部から構成されており，インターネットとメディアに関する章が，全11章中，8章を占めています。これに対して，本書は，認知工学やビッグデータといった問題も取り扱っている点に特徴があります。

　2010年代になって，「ビッグデータ」という用語が注目を集めています。計測機器（例えば，スーパーのPOS［point of sales system：販売時点情報管理］）やインターネットの発展により，収集・蓄積されたデジタルデータが急激に増大し，こうした巨大なデータから情報を取り出して，ビジネスに生かすことが肝要だと考えられるようになりました（竹村，2014）。ビッグデータを扱う際に，従来の統計学的なものの見方（統計的リテラシー）が必要不可欠であることは，多くの専門家の一致した見解です。大学の心理学科では，ほとんどの場合，統計学が必修科目であるため，そこで学んだ統計的リテラシーは，社会に出てからも役に立つはずです。

　「はじめに」で述べたように，本書では，認知工学，インターネット心理学，メディア心理学といった既存の3領域の枠組を踏まえ，第2章で認知工学について，第3章，第5章でインターネット心理学について，第4章でメディアの影響に関する心理学について詳しく説明します。そして，最後の第6章でビッグデータを用いた人間行動の分析について紹介します。

　本章では，1節で重要な概念について比較的詳しく説明し，2節で

は研究方法と研究事例を示します。3節ではインターネット，4節では情報への信頼，5節ではロボットについて述べ，最後の6節では，個人，ICT，仕事，組織の相互関係について検討します。

3．AI（人工知能）とIA（知能増幅）

2010年代は，1960年代，1980年代に続く，3度目のAI（Artificial Intelligence：人工知能）ブームに沸いています。現在の熱狂は，「深層学習（deep learning）」という手法が開発されたことに，大きく依存していると考えられます。深層学習は，特に1980年代から積極的に研究が進められたニューラルネットワーク（神経回路網）モデルの延長線上にあります。このモデルは，人間の脳細胞（ニューロン）の回路にヒントを得ています（都築ら，2002；浅川，2015）。

深層学習は，コンピュータによる「パターン認識」にブレークスルーをもたらしました。パターン認識とは，画像，音声など雑多なノイズを含むデータの中から，特定の意味ある対象を取り出す情報処理をします。2015年，深層学習の技術を用いたグーグル社のプログラム（アルファ碁）が囲碁の名人を破り，大きな話題となりました。

かつて1980年代，日本では，第5世代コンピュータ開発プロジェクトという，人工知能用の新しいコンピュータを作ろうという試みが行われました。これは経済的な絶頂期にあった日本が，約500億円の予算をかけて取り組んだ10年計画の国家プロジェクトでした。しかし，現在，第5世代コンピュータは実用化されておらず，同プロジェクトは失敗だったと評価されています（西垣，2013）。

語呂合わせのようですが，重要なのはAIではなく，IA（Intelligence Amplification：知能増幅）であるという意見があります。人間のような知能をもつコンピュータを目指して研究するのではなく，人間がもつ知能をコンピュータなどによって増幅する研究のほうが意義があるという考え方です。現在，IAの方向性をある程度実現している人工物として，パソコン，インターネット，スマートフォンなど様々な情報機器や情報通信技術を挙げることができます。

2節　ICT・情報行動心理学の研究方法

1. 研究方法の概略

　ICT・情報行動心理学の領域で用いられる研究方法は，基本的に認知心理学や社会心理学と同一です。つまり，質問紙（アンケート）調査と，実験という2種類の方法が主流です。最近では，インターネット上のアンケート調査が急速に普及しています。その他，観察法や，課題遂行中に頭に浮かんだことを言語報告する，プロトコル分析などが用いられることもあります。

　アンケート調査は，質問項目間の相関関係をベースとしており，データは多変量解析とよばれる統計技法によって処理されます。同じ調査研究を，同じ対象に複数回行うパネル研究も，しばしば用いられます。

　実験は独立変数を操作し，従属変数に及ぼす効果を測定します。実験の従属変数は，観察された行動レベル（遂行成績）から，反応時間，生理学的指標（眼球運動，瞬目，脳波の事象関連電位，皮膚電気反応，心拍など）まで多岐にわたります。

　課題遂行中の情報処理を連続的に捉える過程追跡法（process tracing method）の1つに，眼球運動測定があります（都築ら，2014）。図1-1に頭部搭載型の眼球運動測定装置（eye tracker）が

（立教大学ホームページ cp.rikkyo.ac.jp を改変）

▲図1-1　頭部搭載型の眼球運動測定装置とデータの例

表示されたウェブ画面を，実際に眼球運動測定したデータの例を示します。身体運動がない場合には，非接触型（据え置き型）の眼球運動測定装置が用いられます。眼球運動は，跳ぶような動きのサッカード（saccade）と，動きが止まり，その間に情報を取り入れる停留（fixation）とが繰り返されます。赤外線に対する瞳孔と角膜からの反射を検出し，座標を求める小型の眼球運動測定装置が広く用いられています。眼球運動測定によって，視覚的な情報探索の継時的な様相を詳細に検討することができます。

次に，異なる種類のメディアによるコミュニケーションに関する研究事例を紹介します。

2. 研究事例：メディア・コミュニケーションの心理特性

コミュニケーション・メディアが対話に与える影響について検討するため，対面，テレビ電話，音声電話，コンピュータを介したコミュニケーション（computer mediated communication［以下，CMC］）といった4つの事態を比較した研究について紹介します（原田，1997）。この実験では，リアルタイムで対話を行うオンライン条件と，リアルタイムではないオフライン条件とが明確に区別されています。例えば，電話の場合，後者は留守番電話に相当し，CMCの場合，前者はチャット，後者は電子メールに当たります。

実験参加者は大学生の友人同士であり，メディアを通して日常会話を行った後，質問紙によってコミュニケーションに関して評価しました。評定データを分析した結果，話しやすさや緊張度，気軽さ，エンジョイ度に関わる因子（「話しやすさについての感情的評価」因子）と，速さと軽さが関与している因子（「インタフェースの評価」因子）が得られました。

「話しやすさについての感情的評価」得点は，オンラインの場合，CMC（チャット）で最も高く，ついで音声電話で高いことが示されました。この得点は，オフラインの場合，CMC（電子メール）で高く，テレビ電話と音声電話（留守番電話）で特に低くなりました。一方，「インタフェースの評価」得点は，CMCで特に低くなりました。

この結果は，伝達される情報量が最小のCMCが，オンラインであるかオフラインであるかにかかわらず，最も話しやすいと評価され，

道具としての操作性に関しては，最も低く評定されたことを示しています。さらに，オフラインの CMC である電子メールを，実験参加者が対面対話よりも感情的に話しやすいと評価している点は，特に注目すべきです。

都築ら (2000, 2005) は，調査対象者に，対面,携帯電話,携帯メール,電子メール各々に対し，メディアを使ってコミュニケーションする場面を想定した質問項目への回答を求めました。分析の結果,「親和感情」「対人緊張」「情報伝達」と名付けた 3 因子が得られました。

3 因子に対応する下位尺度値をコミュニケーション条件ごとに比較した結果，以下の特徴が示されました（図 1-2 参照）。対面では，対人緊張得点，親和感情得点，情報伝達得点のすべてが高く，携帯電話では，対人緊張得点と親和感情得点はともに中程度で，情報伝達得点が高くなりました。携帯メールでは，対人緊張得点が特に低く，親和感情得点と情報伝達得点は中程度でした。電子メールでは，対人緊張得点は中程度で，親和感情得点と情報伝達得点が低くなりました。携帯メールと電子メールのほうが，対面や携帯電話よりも対人緊張得点が低く，さらに，携帯メールのほうが，電子メールや携帯電話よりも親和感情得点が高いことは興味深い知見です。

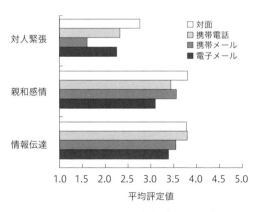

▲図 1-2　コミュニケーション条件ごとの 3 尺度の平均値
（都築・木村, 2000）

3節　インターネット

1. インターネットの略史

　ここで，インターネットの過去を簡単に振り返っておきます。インターネットの歴史は，アメリカ国防総省の援助でARPANET (Advanced Research Projects Agency Network) の運用が開始された1969年にさかのぼります。日本では，1984年にJUNET (Japan University Network)の実験運用が始まりました。「パソコン通信」「インターネット」という言葉が一般の人々に知られるようになった契機は，1995年の阪神・淡路大震災時における，大規模な情報提供活動にあったといわれています（池田，1997）。1960年代以降，テレビに代表される強力なマスメディアが支配的でしたが，インターネットは，新たなパーソナルメディアの登場として歓迎されました。

　WWW (World Wide Web) は，ハイパーテキスト (hypertext) 形式でインターネット上の情報を共有するために，1989年にCERN（欧州合同素粒子原子核研究機構）で開発されました。ハイパーテキスト形式とは，文書内にある単語が，別のテキストやファイルにリンクしていることをさし，画像，音声，映像も同様に処理できます。1990年代に入ると，WWWで情報を閲覧する複数のブラウザが普及し，企業，組織，個人がホームページをもつようになりました。

　2000年代に入ると，Twitter, Facebook, LINEといった，登録された利用者同士が交流できるウェブサイトの会員制サービス（ソーシャル・ネットワーキング・サービス：SNS）が急速に普及しました。

2. フレーミング

　インターネットでは，非言語的コミュニケーションが欠如しており，メッセージの送信における心理的抵抗感が小さいという特徴があります。さらに，匿名であることも多いため，攻撃的な発言が生じることが，1980年代から実験的研究によって知られていました。インターネット上の発言は記録が残るため，細部をあげつらった批判が生じることも少なくありません。インターネットにおける匿名性と，スクリーニング（ふるい分け）機能が存在しないことが大きな問題だと考えられます。インターネットにおける非抑制的言動を，フレーミング

(flaming：炎上）とよびます（第5章参照）。特定の書き込みに対して批判的なコメントが集中する状態に対しても，近年，同じ用語が用いられています。

最近，約4万人に対する大規模なネット調査を実施し，過去1年間でフレーミングに参加する書き込みをしたユーザは，全体の1.1％にすぎないという研究結果が発表されました（田中・山口，2016）。そうした経験者の60％以上は，同じような書き込みを繰り返していました。著者らは，アンケート調査結果に基づいてフレーミング事件に伴って書き込みをする人数を推定し，インターネットユーザの約0.5％であろうと結論しています。フレーミング参加者の属性として，年齢が低いこと（ただし，本調査の対象者は20歳以上），世帯年収が高いことなどが示されました。フレーミングは社会現象となっていますが，実際に大騒ぎしているのは，やや特異な少数の人間にすぎない可能性があります。

フレーミングといった現象は，不特定または多数の者が認識できる状態（公然性）にあり，回復困難といった特徴をもち，名誉毀損といった人権侵害につながります（第3章参照）。まずは，ユーザのすべてがネチケット（ネットワーク上のエチケット）を十分に理解することが必要不可欠でしょう（吉冨，2014）。

3．インターネット利用と社会的スキルが対人関係と敵意認知に及ぼす影響

次に，インターネットに関わる要因が，現実生活にどのような影響を与えるかを検討した調査研究を紹介します。藤・吉田（2009）は，インターネット上での行動内容が社会性と攻撃性に及ぼす影響を，ブログ利用者とオンラインゲーム利用者に焦点を当てて検討しています。この先行研究を踏まえて，都築ら（2011）は，大学生を調査対象とし，対象者が有する社会的スキルにも焦点を当て，インターネット利用が，現実またはネット上の対人関係と，他者からの敵意の認知に及ぼす影響を検討しました。

分析の結果，自己表出については「ネット上の自己演出」「ネット上の自己統制」の2因子，他者との関係については「ネット上の対人関係拡張」「ネット上の所属感獲得」の2因子，現実とのバランス

については「インターネット依存」の1因子が得られました。社会的スキル尺度を分析した結果,「問題解決スキル」「会話スキル」「和解スキル」の3因子が得られました。

インターネット利用時間,対面経験のなさ,居場所のなさ,社会的スキル（3つの下位尺度）に加え,ネット上の自己演出とネット上の自己統制といった8個を説明変数とし,それ以外の5個を目的変数とするモデルを設定し,因果関係の分析（パス解析）を行いました。

分析の結果,(a) インターネット利用時間,対面経験のなさ,社会的スキル,ネット上の自己統制といった変数が,インターネット依存を介して,現実の人間関係低下と,他者からの敵意の認知に影響を与えること,(b) インターネット利用時間,社会的スキル,ネット上の自己演出,ネット上の自己統制といった変数が,直接的に,または所属感獲得を介して,ネット上の対人関係拡張に影響を及ぼすことが示されました（図1-3参照）。

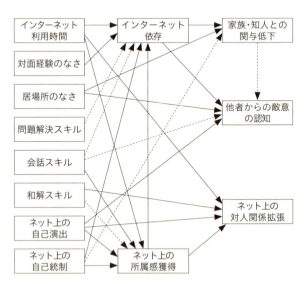

注）実線の矢印はプラスの影響を,破線の矢印はマイナスの影響を示す。

▲図1-3　インターネット利用時間,対面経験のなさ,居場所のなさ,社会的スキル,ネット上の自己演出,ネット上の自己統制が,現実・仮想の人間関係と,他者からの敵意認知に与える影響（都築ら,2011）

4. SNSの利用動機

　柏原（2011）は，関東在住の10〜40歳代の男女を対象としたネット調査を行い，Twitterの利用動機を測定しました。その結果，(a) 他者との会話や交流を示す「交流／自己表現動機」，(b) 日常生活ですでに形成されている家族・友人との関係を保つことを目的とする「既存関係維持動機」，(c) 主にテレビ番組に対してリアルタイムで意見や感想を交換する「実況／情報探索動機」，(d) 有名人との交流や，良い意味で自分が目立つことを望む「自己呈示動機」，(e) 悩みやさみしさをまぎらわせる「気晴らし動機」という5つの次元が示され，ユーザは自分が能動的に選択した動機に従ってTwitterを利用していると結論しています。

　北村ら（2016）は，Twitterに関する大規模な調査の結果，「今自分のしていることや，おかれている状況を書いたツイート」が最も投稿頻度が高いこと，逆に，「政治や経済・経営，社会に関するニュースを知らせるツイート」が多くリツイートされることを明らかにし，現在，パーソナルメディア対マスメディアといった「メディアの境界線は溶解した状態にある」と表現しています。

4節　情報への信頼

1. 双方向型メディアの信頼性判断

　サンダーら（Sundar, 2008; Sundar et al., 2015）は，コミュニケーション論の立場から，インターネットに代表される双方向型メディアが伝える情報の信頼性について，アフォーダンス（affordance）とヒューリスティックス（heuristics）を重視したモデル（感覚モダリティーエージェント特性－双方向性－操作可能性モデル：Modality-Agency-Interactivity-Navigability model, MAIN model）を提案しています（図1-4参照）。

　アフォーダンスは，もともと知覚心理学の概念であり，外界の事物が，生体に適応的な行動を誘発（afford）する情報を提供することをさします。認知工学ではこの概念が拡張して用いられており，環境内の人工物が，人間の身体的特徴や感覚運動能力に対応して有する相互

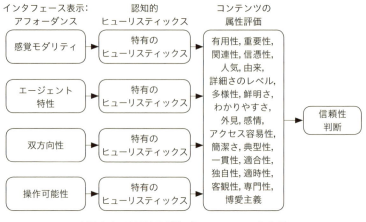

▲図1-4　MAINモデル（Sundar, 2008 を改変）

作用（行動）の可能性と見なします。例えば，手で握れるようなドアの取っ手は，引くという行動を誘発し，手で握れないような大きく平たい取っ手は，押すという行動を誘発すると考えます。

　MAINモデルでは，アフォーダンスという概念を，ソフトウェアレベルの対象に対する行動の可能性，という形にまで拡大解釈しています。同モデルでは，双方向型メディアのインタフェースにおける，感覚モダリティ（視覚，聴覚，触覚），エージェント（情報を仲介する媒体），双方向性，操作可能性がアフォーダンスをもち，これら4つが，特有のヒューリスティックスを喚起すると仮定します。

　ヒューリスティックスは，人が日常の判断や意思決定において経験的に用いる直感的で素早い思考方法をさします。MAINモデルでは，アフォーダンスとヒューリスティックスの結果，双方向型メディアのコンテンツ（内容）がもつ多様な属性が評価され，情報の信頼性判断に影響を及ぼすと仮定しています。

2. 震災発生時における匿名電子掲示板への信頼

　次に，インターネット上の匿名情報への信頼を検討した実証研究を紹介します。主要価値類似性モデル（Salient Value Similarity model, SVS model）によれば，問題への関心が高い場合には，自分の主観的価値観と類似した価値観をもつと認知した相手に対し，信頼

感が形成されます（中谷内・Cvetkovich, 2008）。

　一方，今まで述べてきたようにCMCにおいて，従来のコミュニケーションとは異なる特徴が明らかにされてきました。さらに，2011年3月に発生した東日本大震災と，それをめぐる膨大な報道は，我々のリスク認知，情報源への信頼度，信頼感形成に影響を及ぼした可能性があります。

　都築ら（2012）は，震災の映像を提示することによって調査対象者の関与を高め，インターネット上の匿名情報（匿名電子掲示板への書き込み）に対する信頼度がSVSモデルの予測と一致しているかを，東日本大震災の前後で，ほぼ同質の大学生を対象者として比較検討しました。ここでは，大震災後の調査結果のみを紹介します。

　まず，調査対象者は，9種類の情報源に対する信頼の程度を評価しました。次に，「ハイチ大地震」のニュース映像を提示した上で，地震発生時の匿名電子掲示板への書き込み（文章）を示し，その情報に対して質問項目に回答を求めました。

　分析の結果，大震災後の調査において，災害における情報源の信頼度は，降順で，新聞，大学・研究所のホームページ，専門家による説明，行政のホームページ，テレビニュース，政府担当者の記者会見，一般市民のホームページ，週刊誌，ネット上の掲示板への書き込み（匿名）であり，電子掲示板情報の信頼度は最低でした。

　さらに，変数の因果関係の分析（パス解析）を行った結果を，図1-5に示します。パーソナリティ特性の一種である共感的関心が，匿名情報への関心，災害の頻度認知，災害に対する情動に影響を及ぼします（第1段階）。これら第1段階の変数は，直接，匿名情報に対する信頼に影響を及ぼしますが，匿名情報提供者の公正さ評価，能力評価，インターネットに対する価値観の類似性評価にも影響を与えます。そして，匿名情報提供者の評価に関する3変数は，匿名情報に対する信頼に影響を及ぼします（第2段階）。

　調査時における震災ニュース映像の提示だけではなく，東日本大震災を経験したことによって，調査対象者の震災に対する関与度が高まり，大震災後では信頼度が最低である匿名電子掲示板情報を評価する際にも，SVSモデルを支持する結果が得られたと解釈できます。

　ICTにおいて，ソフトウェアとハードウェアは密接に関連していま

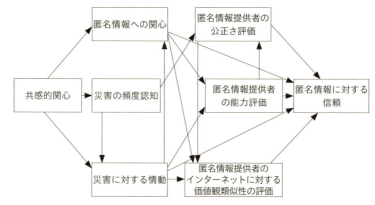

▲図1-5　震災発生時における匿名情報への信頼 (都築ら，2012)

す。次に，インターネットに続く新しいICTとして，私たちの生活に入り込んできたロボットについて説明します。

5節　ロボット

1. ロボットの意義

経済産業省は2004年に，「2025年の人間とロボットが共存する社会の実現に向けて：『次世代ロボットビジョン懇談会』報告書」を公表していますので，その内容を要約して紹介します。

次世代ロボットは，家庭の育児，家事，在宅介護を支援し，充実した自由時間を人々に提供することが期待されています。さらに職場では，ロボットが幅広い業務の効率化や，女性，高齢者の就労支援に役立つ可能性があります。また，災害，治安，医療の現場で，ロボットが危険な作業や高度な作業を行い，社会安全の向上に貢献すると予測されています。

先にも述べたように人類の歴史において，様々な道具（人工物）が作られ，人間の日常生活や産業を支援してきました。そして，現在，ロボットが私たちの生活に新たに加わると予測されています。自動走行するロボット掃除機は，かなり一般に普及してきました。コンピュータにセンサ（光，熱などに反応する感知器）とアクチュエータ（駆動装置）の2つがついていれば，何でもロボットであるという意見も

あります（石黒，2015）。

人工知能研究の立場からみると，ロボット研究の背景には，真の人工知能は身体を有していなければ実現不可能だという考え方があり，身体性（embodiment）が強調されます。1980年代後半以降，中枢となる制御プログラミングを追究せず，生物の反射的な動作にヒントを得た昆虫型ロボットの研究も行われました（専門用語では，「包摂アーキテクチャ」とよびます）。ロボット掃除機は，その身近な成果の1つです。

2．ソーシャルロボット

ロボットは，ソーシャルロボットと産業用ロボットに大別できます。ソーシャルロボットとは，人間とのコミュニケーションに主眼をおいたロボットをさします。従来，対話型ロボット，コミュニケーションロボット，パーソナルロボットなどとよばれてきました。

ソーシャルロボットは，人間と類似した外見をもつ必要はありません。2000年代半ばから心理学研究でしばしば用いられたロボットとして，NEC製のチャイルドケアロボットPaPeRoや，産業技術総合研究所で開発されたセラピー用アザラシ型ロボットPARO（図1-6参照）を挙げることができます。

PaPeRoは円筒に半円の頭部がついた形状であり，人と自然な会話やコミュニケーションをする能力に重点がおかれています。PAROは人間の呼びかけに動物らしく反応し，人間の五感を刺激する豊か

（産業技術総合研究所）

▲図1-6　PARO

な感情を表現でき，メンタルコミットロボットともよばれています。2002年には，世界一の癒しロボットとしてギネス世界記録に登録され，主に米国やヨーロッパを中心に，介護福祉領域における医療機器の1つとして認知されています（柴田・和田，2011）。自閉症の子どもたちや，認知症の高齢者に対するセラピー，リハビリテーション，一人暮らしの高齢者の心的ケア，教育支援といった様々な分野で，コミュニケーションロボットの導入を試みた事例が数多く報告されています（河嶋，2014）。

3．ロボットに関する心理学的研究

ロボットに対する印象評価，好感度，イメージなどについて，質問紙で回答を求めた研究は数多くあります。対人認知に関しては，従来の社会心理学研究によって，個人的親しみやすさ，社会的望ましさ，活動性という3つの基本次元が存在することが明らかになっています。

上出ら（2010）は，人間に似せた外見をもつヒューマノイドロボットを用い，歩行，お辞儀，車椅子を押す場面などを組み合わせた動画を対象者に提示し，質問紙への回答を求めました。その結果，道具的有効性，動きのぎこちなさ，相互作用可能性，統制可能性，脆弱性への不安，見た目の固さといった6次元が得られたと報告しています。その後，上出（2015）は，人間はロボットを，個人的親しみやすさ（親和性），ロボットの機能に対する有効性の評価（技術性），人間のような外見や意図を有しているかの評価（人間性）といった3次元から認知すると要約しています。

原田ら（2005）は，ロボットと実際に相互作用する人の視点からの評価を重視し，PaPeRoを用いた実験について報告しています。質問紙による主観的評価や，対話時のパラ言語的行動（うなずき，笑いなど）と，対話遂行時の対話距離を分析した結果，ソーシャルロボットへの評価には，相手としての統一感（外見と声），対話らしさ，人との類似性といった複数の次元が存在する点を強調しています。

4．アンドロイド

石黒（2015）は，見かけからして機械然としているロボットに対し，

アンドロイドは外見が人間そっくりで，中見は機械の人間酷似型をさすとしています。アンドロイドに関しては，「不気味の谷」という現象がよく知られています。アンドロイドの見た目や動作といった人間らしさが向上すると，はじめは好感をもちますが，あるレベルを超えると違和感が生じ，人に嫌悪感を与えてしまいます。そしてさらに，アンドロイドの人間らしさが向上すると，印象は再び好感に転じ，親近感を覚えるようになります（石黒，2015）。

　渡辺ら（2016）は，タッチディスプレイを通じた会話において，実験参加者に選択を迫る状況で，相手が人間の場合とアンドロイドの場合とを比較しました。実験の結果，人間が半強制的に選択を迫るケースでは，その選択に反発する態度の変化がみられましたが，アンドロイドであれば，人間と比較して選択を受け入れやすいことがわかり，対話相手をアンドロイドとすることで，人間に選択を受容させる可能性が示されました。

　人間のような表情表出が可能で，音声対話機能を実装したアンドロイドを，受付嬢や教師役とし，現場で人間との相互作用を検討した研究事例も報告されています（橋本，2015；図1-7参照，日本基礎心理学会より許諾を得て転載）。

5. コミュニケーションロボットは普及するか

　2015年に，ソフトバンクが開発したPepper（図1-8参照）というロボットの市販が始まりました。人の声やジェスチャーまで認識で

▲図1-7　受付システム（ロボット受付嬢），教育システム（先生ロボット）
（橋本，2015）

（ソフトバンク）

▲図1-8　Pepper

きるフルスペックのロボットで，販売価格は19万8000円ですが，月々の基本使用料や3年契約もあり，3年間の使用で実質120万円はかかります。石黒（2015）は，同じレベルのロボットを大学や企業の研究で作ろうとすれば，数千万円かかるとしており，Pepperの登場によって，コミュニケーションロボットの普及がかなり早まると予測しています。

　これと同じようなことが，パーソナルコンピュータ，インターネット，携帯電話，スマートフォンといったICTによるイノベーションの歴史で起こってきました。新しい技術は，当初，ポジティブな側面よりもネガティブな側面が注目されやすい傾向があります。インターネットや様々なメディアと同様に，ロボットといった新しいICTについても，さらなる心理学的な実証研究が必要でしょう。

6節　個人，ICT，仕事，組織

　最後に，個人，ICT，仕事の関係性について説明します。人間の仕事は，様々な環境における文脈の中で捉える必要があります。フィスクら（Fisk et al., 2009）は認知工学の立場から，加齢と技術に関するCREATEモデルを提案しています（図1-9参照）。CREATEは，加齢と技術強化に関する研究・教育センター（the

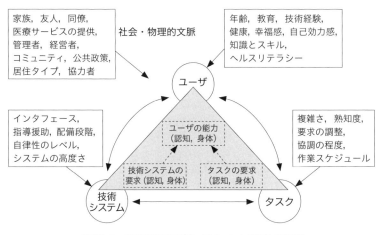

▲図1-9 CREATEモデル (Fisk et al., 2009を改変)

Center for Research and Education on Aging and Technology Enhancement) の略です。

　モデルの主要な要素として，ユーザの能力，タスク（例えば，報告書の作成）の要求，技術システムの要求の3つがあります。ユーザの認知・身体能力は，年齢，教育，経験，知識といった個人差要因に影響されます。タスクは，複雑さ，熟知度，要求の調整といった特徴をもちます。技術システムの要求は，ハードウェア，ソフトウェア，指導援助，システムの高度さなどの影響を受けます。

　さらに，技術が用いられる全体的な文脈も考慮に入れる必要があります。社会的文脈は，家族や友人といった他者，医療サービスの提供などであり，物理的文脈は仕事をする場所や状況をさします。

　日本は2007年に高齢化率が21％を超え，世界に先駆けて超高齢社会を迎えています。このモデルは，ユーザ，タスク，技術という基本的な3要素だけではなく，加齢という問題も考慮している点が重要です。

　図1-10にワークシステムのモデルを示します（Carayon & Smith, 2000）。先の図1-9と，個人，タスク，テクノロジーといった3要素は重複していますが，さらに，組織や職場環境といった上位レベルとの相互作用が強調されています。テクノロジーとツールは，個人，タスク，組織，職場環境といった大きな業務システムの1要素にすぎ

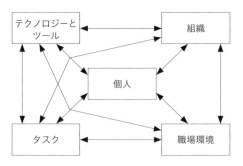

▲図1-10　ワークシステムのモデル（Carayon & Smith, 2000 より作成）

ません。こうした5種類の要素は，互いに強く相互作用しています。新たなテクノロジーが導入されれば，組織，職場環境といった，ワークシステムの他の要素も大きな影響を受けます。仕事の場でICTに関して検討する際には，図1-9，図1-10に示した幅広い視点が必要不可欠です。

　このように，現在の情報化社会で生活をする我々にとって，ICT・情報行動心理学は最も身近な心理学分野の1つです。こうした心理学領域に関する知見や理論を学ぶことにより，職場や日常生活において現状をみつめ直し，より良い判断を行うことが可能になります。情報行動心理学に関わる実証的な研究は，さらに幸福な人生と社会の実現に貢献できるはずです。

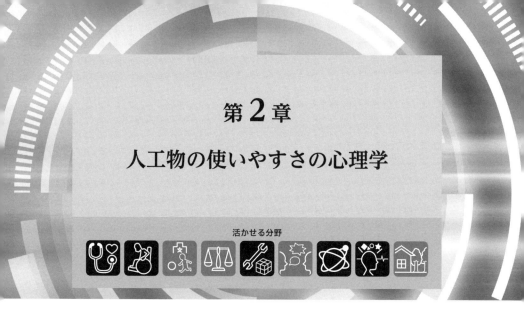

第2章
人工物の使いやすさの心理学

1節　モノづくりに重要な心理学

　私たちの生活の周りにはいろいろなモノがあります。その多くは人間が作り出した人工的なモノです。ここで考える人工的なモノとは，機器や道具だけではなく，ウェブなどで提供されるサービスも含みます。モノを作るには，知識や技術が必要で，学問分野でいうと工学の知識や技術が必要になります。また，そのモノが医療機器の場合は医療の知識，調理家電の場合は料理の知識，洗濯機の場合は洗濯の知識といったように，その機器が果たす機能についての関連分野の知識も当然必要です。実は，もう1つ必要なものがあります。それはそのモノを使う「人」に関する知識です。

1. 人間工学から認知工学へ

　例えば，洗濯機の高さはおよそ決まっています。人間の背の高さに依存します。洗濯物の出し入れやパネル操作に適した高さになっていないといけません。また，パネルのボタンの大きさやボタンを押す力も，人間に適したものでなければなりません。このような配慮は，経験的にわかることですので，当たり前だと思われるかもしれませんが，本当に良い製品を開発するには経験的な判断だけではなく，学問として科学的に検討した結果に基づくことが求められます。例えば，電車

のつり革の高さや手すりの位置の最適値を検討した研究論文「通勤近郊列車のつり革高さと手すり位置の検討」（斎藤ら，2006）があります。この研究では，列車の走行振動を模擬できるシミュレータを用い，いろいろな身長の人に様々な寸法のつり革や手すりを評価してもらった実験を行っています。これは『人間工学』という学術雑誌に掲載された論文で，このようなことを担う学問が人間工学です。よく「人間工学に基づいた椅子」などといった宣伝を見かけることがあると思いますが，人間の体の仕組みや動きなどを科学的に検討して設計された椅子だといえるでしょう。人間工学は，人間の身体特性，感覚・知覚特性などを考慮したモノ作りの学問だといえるでしょう。

ところが，テクノロジーが進むと人間の身体特性，感覚・知覚特性だけではなく，人間の知覚・思考・記憶・反応といった認知的過程も考慮することが必要になってきました。例えば，先に挙げた洗濯機の場合，多機能になり，ボタンの大きさ，ボタンを押す力，ボタンの見やすさなどの問題だけではなく，操作がわかりやすいパネルの設計が重要になってきました。人間工学会の学会で「評価実験による全自動洗濯乾燥機の操作部改善」（中川ら，2008）という発表がなされています。この研究では，表示のわかりやすさや与えられた課題の時間，手数，イライラ度などを測定し，どのような操作パネルがよいのかを検討しています。このように作業行動（この中には知覚・思考・反応といった認知的過程が含まれる）や感情的な側面について人間工学の分野でも検討されるようになってきたのです。

人間の認知的特性や感情について，最も得意とする学問は心理学です。その中でも認知心理学（cognitive psychology）はまさに認知特性を研究対象としているのです。そこで，認知心理学の知見を製品開発に活かす学問として，「認知工学」という学問が生まれてきました（加藤，1994；松尾，1999）。認知工学が生まれたのは，コンピュータのような情報機器が浸透してきた背景があります。認知工学の提唱者といわれるノーマンが"Cognitive engineering"（認知工学）というタイトルの論文（Norman，1986）を発表したのは，1986年です。その時代のコンピュータは，まだメニューやアイコンといったグラフィカルな表示は主流ではありませんでした。表示は文字だけのテキスト表示で，コンピュータ操作もマウスではなく，コマンドといわれ

る文字列の入力によって行うというものでした。どのようにすれば使いやすいコンピュータになるのかが，1つの大きな課題であったのです。

2．心理学と工学の学際的研究

人間工学（ergonomics）や認知工学（cognitive engineering, cognitive ergonomics）と類似した学問にヒューマンファクターズ（human factors）や工学心理学（engineering psychology）といった学問もあります。ヒューマンファクターズは，人間のエラーが原因で大きな事故が生じてしまうような問題に対し，安全のための知見を追及する（篠原，2013a）ことから生まれてきた学問です。また，人間工学は，ギリシャ語の仕事を意味する ergon と法則を意味する nomos の造語であり，人が仕事をするためのシステムの設計をどうするかが狙いです（Bridger, 2009）。工学心理学は，従来のヒューマンファクターズや人間工学が人間の首より下に焦点を当てていたのに対して，首より上に焦点を当てたものだという言い方がなされます（Wickens et al., 2013）。

いずれも，心理学と工学の学際的な研究の学問です。これらの分野に関わっている人は，まったく同じような研究や仕事をしていても，ある人は人間工学だといったり，ある人は認知工学だといったりしますので，厳密に区別する必要はないでしょう。

ただ，ここで使いやすいモノを作るのに，工学の知識や技術だけではなく，心理学の知見が必要で，それが学問の分野で常識化していることを理解しておくことが重要です。心理学の様々な知見をもとにした本が出版されています（加藤，2002; Johnson, 2014; Weinschenk, 2011, 2015）。

3．人間中心の設計

工学は，どのような機能をもったモノを作るのかに主眼があります。決められた仕様通りの機能を果たすことが第一で，そのためにコストも含め様々な制約が生じてきます。それが利用する側の制約になってしまうことがあります。使う人間のことは考えずに機械中心で設計がなされてしまうわけです。その結果，使い勝手の悪い製品が作られて

しまいかねません。使いにくいモノに対する言い訳として「慣れれば使える」とよくいわれます。これは，人間のほうが機械に合わせなさいということです。人間は柔軟性をもっていますので，ある程度のことは合わせることができます。しかし，人間の基本特性は変わるものではありません。

　人間にとって使いやすいモノを作る場合に考慮すべき重要なことは，人間の基本特性が変わらないということです。例えば，人間の視覚における空間解像度は限界があります。極端に小さい文字は読めません。慣れれば見えるようになるものではありません。あるいは，座り心地の悪い椅子を使い続けると，腰を痛めてしまいます。椅子に合わせて人間が無理をするため，人間の体にしわ寄せが来てしまうわけです。人間の基本的な体の仕組みや構造に合わせた椅子にしなければなりません。

　使いにくいモノの場合でも同じです。使いにくいモノを使い続けると，人間は無理をしているわけなので，私たちのストレスは大きくなってしまいます。もっと正確で効率の良い作業ができていたのかもしれないのに使いにくいモノは，それを妨げているかもしれないのです。

　そこで，機械を優先してきたこれまでの反省から，人間を中心とした設計（user centered design あるいは，human centered design）が求められています（Norman & Draper, 1986；黒須ら，2013）。その主役の学問は心理学なのです。

2節　機器とのインタラクション

　人間が道具や機器を使う場面は，人間と機器とのコミュニケーションであると考えることができます（松尾，1999）。例えば，自動券売機で切符を買う場合，画面の指示に従って，行き先ボタンや人数のボタンを押して操作しますが，これは自動券売機とコミュニケーションを行っていると考えられます。窓口で切符を買う場合は駅員さんと口頭でやり取りを行いますが，これらのことを機器の操作で伝えていると考えることができます。コンピュータの操作などもまさにコミュニケーションで，マウスやキーボードを使って利用者は意図を伝え，コンピュータが画面上にその結果を表示してくれるわけです。

1. 人と機器とのインタフェース

　人が機器とインタラクションするにはその媒介となるものが必要です。先に述べた洗濯機の操作パネルやコンピュータのマウス，キーボードやモニタなどがそうです。機器そのものだけではなく，パネルやモニタに表示される内容も含めて，媒介となるもので，これらはインタフェース（interface）といわれます。人と機器とのインタフェースなので機器同士のインタフェースと区別しヒューマンインタフェース（human interface）やユーザインタフェース（user interface）ということもあります。認知工学は，人と機器とのスムーズなコミュニケーションができるように，どのようなヒューマンインタフェースが適切かを研究するのが目的だと考えられます。

　コミュニケーションは双方向です。人が操作を行うことで機器にやってほしいことを伝え，それを受け機器が結果を返し，人はその結果がほしかった結果かどうか確認することになります。このインタラクションは，人のほうからみると，操作を「実行」することと結果を「評価」することになります。インタフェースは，この実行と評価が適切に行えるように設計されなければなりません。

　ところが，現実には，ここに隔たりが生じてしまいます（Norman, 2013）。ある機器を目の前にしたとき，私たちは，どうやって操作するのかわからない，この機器で何ができるのかわからないといったことに直面します。これは実行における隔たりです。そして，操作をした後で，何が起こったのかわからない，自分が望んでいた通りになったのかわからないといったことが生じます。これは評価においての隔たりです。

　設計者に求められるのは，この隔たりに橋を架けることです。橋を架けるためには，人間の行動を深く掘り下げていく必要があります。ノーマン（Norman, 2013）は，この実行と評価の隔たりに橋を架けるための行為について，行為の7段階理論を提案しています（図2-1）。

2. 行為の7段階理論

　人が機器を使う場合，まず目標（ゴール）を立てます。そして，そ

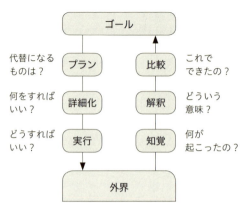

▲図 2-1　行為の 7 段階理論（Norman, 2013 を改変）

のゴールに向けて，機器とのインタラクションを行う過程の中で，実行と評価がそれぞれ 3 つの行為の段階からなり，ゴールの 1 段階と実行 3 段階，評価 3 段階を合わせて計 7 段階となります。

　例えば，スマートフォンに保存している写真を友だちに送りたいと考えます。これが「ゴール」です。やり方は 1 つではありません。そこで，メッセージを使うか E メールを使うかなど，どのアプリを使うのかといった「プラン」を立てます。そして，具体的な行為の系列を詳細に考えます。例えば，メッセージで送る場合，"メッセージ"アイコンをタップし，送りたい友人のスレッドを選択，カメラマークをタップし写真を選択し，送信するといった流れを考えます。このように行為を「詳細化」するプロセスが必要です。そして，その一連の操作を「実行」します。ここまでは人間の頭の中で生じているプロセスです。

　実行した結果が画面上に現れ，それを「知覚」します。例えば，送信した写真が吹き出しとなって表示され，"配信済み"という文字がその下に表示されます。それを「解釈」します。これを見て，自分が送りたい写真が配信されたと解釈するでしょう。そして，それをゴールと「比較」し，ゴールを達成できたかどうか確認します。

　ここでは，友人に写真を送るというゴールに対して，一連の行為系列を 1 つの単位として説明しましたが，その行為系列の中にはアドレスの選択，写真の選択，送信の実行といったサブゴールが存在して

おり，そのサブゴールごとに行為の7段階を考えることもできます。どのような行為のまとまりを7段階の行為のサイクルとして捉えるかは，人によっても異なります。また，ゴールやプランを明確に決めて実行するわけではなく，操作しながら状況に応じてゴールやプランを変えていくこともあります。そのため，この行為の7段階を実際の場面に厳密に一つひとつ対応させて考えていくことが必ずしも意味があるわけではありません。この7段階は設計を行う上での枠組みだと考えられます。

3．7つのデザインの基礎的原理

　スマートフォンの事例では，スムーズに実行・評価ができた話をしましたが，問題になるのは，実行と評価の各段階で利用者がつまずいてしまう可能性があるということです。それぞれの段階で利用者が感じる「何？」という疑問の答えが発見できるように設計することが必要になります。

　そこで，ノーマン（Norman, 2013）は7つの基礎的原理を提唱しています（表2-1）。最初の原理は発見可能性をもたせることで，これが基礎的な原理の1つ目になります。そして，それを具体的に実現するために，さらに6つの原理が示されています。

(1) アフォーダンスとシグニファイア

　今，机上に直方体のモノがあったとします。それをどうやって使うのかは，見るとおおよそわかります。例えば，金属製で重量感がありそうだとしたら，文鎮（ペーパーウェイト）だとわかります。木製のものだと，小物入れかもしれません。見ただけで，どのように使う（インタラクションする）のかをモノ自体が教えてくれます。このように人とモノとの関係性についてモノ自体が教えてくれる情報をアフォーダンス（affordance）といいます。

　ただし，モノにアフォーダンスがあっても，実際にどうやって行うのかがわからない場合があります。文鎮の場合迷うことはないでしょうが，小物入れの場合，どこから開ければよいのかわからないこともあります。通常は取っ手がついていて，それが手がかりになります。このような行為の手がかりを与えてくれるものがシグニファイア

▼表 2-1　デザインの 7 つの基礎原理（Norman, 2013 より作成）

基礎原理	求められるデザイン
発見可能性	どのような行為ができるか，機器の今の状態がどうなっているか判断できるようにする
アフォーダンス	モノ自体だけでどのような行為ができるかをわかるようにする
シグニファイア	アフォーダンスのシグナルとして，どこでその行為をすればよいのかを伝える
対応付け	操作部とその操作対象との対応を自然な対応付けとする
制約	なすべき行為を誘導し，やってはいけない行為をできないようにする
フィードバック	何が起こっているのかを的確に示す
概念モデル	モノの仕組みを利用者が理解しやすいようにする

(signifier) とよばれます。

　アフォーダンスやシグニファイアは，モノそれ自体から与えられる情報で，「何ができるのか」，それを実現するには「どうすればよいのか」を教えてくれるわけです。そのため，アフォーダンスやシグニファイアがあればゴールやプランが適切に構築されます。

(2) 対応付けと制約

　部屋の中に照明が複数ある場合，スイッチは 1 つの場所に集中して配置されているため，どのスイッチがどの照明に対応しているのかわからないことがよくあります。実際の照明の空間的配置と配電盤のスイッチの空間的配置がうまく対応できていないためです。このような場合，試行錯誤にスイッチを押してみるしかないことがあります。対応付けがうまくなされていないため，実行段階でのプランや詳細化が適切にできないのです。

　文字での表記などによって示すことができますが，スイッチのどれを押してよいのかわからないというのは，選択肢が多いことに起因しています。コンピュータ操作などの場合，多くのメニュー項目があり，どのメニューから実行していいのかわからないことがあります。ただし，場面によっては，行っても意味がない操作，行ってはいけない操

作があります。そのような選択肢を選べないような制約をもたせておけば，選択肢が少なくなり，プランや詳細化が適切にできます。

（3）フィードバック

　操作の結果がどのようになったのかを評価する上で，フィードバックは重要な手がかりです。電子機器では，何が生じているのか可視化されない限り，利用者にはわからず，評価の隔たりが生じてしまいます。例えば，ガスコンロであると，火がついているか，火の強さはどうなのかは，見ればわかりますが，IH調理器は火がないため，これらの情報をすべて可視化しないといけません。

　特に可視化が重要なのは，操作の結果がすぐに表れない場合です。処理に時間がかかったりする場合，処理中であるといったメッセージを出すことが必要ですし，処理の進み具合を表示することで，止まってしまったわけではないことを知らせることも必要です。

　さらに，フィードバック情報が適切でなければなりません。特にエラーメッセージを表示しなければならない場合，ただエラーであることやエラーコードを示しただけでは，どこに問題があるのかがわかりません。フィードバック情報によって，適切な解釈や評価ができ，どのように対処できるかがわからないといけません。

（4）概念モデル

　利用している機器やサービスがどのような仕組みになっているのかを理解していると，操作の実行や結果の解釈・評価がうまくできます。利用者は，モノを利用する場合，仕組みに対して自分なりの理解をしています。それをノーマンは概念モデル（conceptual model）とよんでいます。人の頭の中に作られるものですから，メンタルモデル（mental model）ということもできます。利用者の理解は必ずしも正しいわけではなく，自分なりの理解をしているだけにすぎないのですが，その理解の枠組みで実行や評価ができれば，隔たりを埋めることはできます。例えば，スマートフォンを利用する場合，スマートフォンのハードウェアやソフトウェアの詳細な仕組みを理解している必要はありません。アプリケーションの利用の仕組みがわかっていればよいでしょう。適切な概念モデルがあれば，実行・評価のいずれの段階

でも有効に働いてくれます。

4. メンタルモデルとインタラクション

　それでは，概念モデルはどのようにして構築されるのでしょうか。利用者は，類似した機器の利用経験から構築しようとすることもありますが，実際に機器とインタラクションし試行錯誤に操作しながら，どのような仕組みになっているのかメンタルモデルを構築していきます。それを図2-2に示しました。設計者も同じようにメンタルモデルをもっており，それは設計者が頭に描いている機器の仕組みです。設計者は自分が抱いているメンタルモデルを実際に機器として実現させます。設計者と利用者は直接インタラクションするのではなく，機器イメージを通して，設計者がどのような設計思想で作っているのかを知ることになります。機器そのものとのやり取りだけではなくマニュアルを通しての理解もすることになります。

　そのため，機器イメージやマニュアルを適切に作ることが重要になってきます。アフォーダンス，シグニファイア，対応付け，制約などは機器イメージを理解しやすくするのに役立ち，マニュアルは利用者のメンタルモデルの構築に重要な役割を果たさなければなりません。

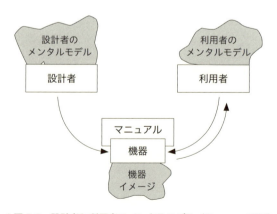

▲図2-2　設計者と利用者のメンタルモデル（Norman, 1986）

3節　使いやすいモノとは？

　これまで「使いやすい」ということを述べてきましたが，そもそも「使いやすい」とはどのようなことをさすのでしょうか。認知工学などでは，使いやすさのことをユーザビリティ（usability）といいます。日本語での「使いやすさ」とほとんど同じような意味ですが，ただ使いやすいということだけを表しているわけではないため，ユーザビリティという言葉を使っています。

1. ユーザビリティの定義

　ユーザビリティについては，ISO（9241-11）で定義されており，「ある製品が，指定された利用者によって，指定された利用の状況下で，指定された目的を達成するために用いられる際の，有効さ，効率及び利用者の満足度の度合い」とされています。そして，有効さは「利用者が，指定された目標を達成する上での正確さと完全さ」，効率は「利用者が，目標を達成する際に正確さと完全さに関連して費やした資源」，満足度は「不快さのないこと，及び製品使用に対しての肯定的な態度」としています。

　機器やサービスの使いやすさを考える上で，まず機器やサービスを使ってやりたいことが実現できなければ意味がありません。そのために，有効さや効率は当然のことでしょう。ただし，これをユーザビリティの概念に含めないこともあります。ニールセン（Nielsen, 1993）は，有効さや効率に相当するものとして機能や性能を挙げ，これらをユーティリティという言葉で表現しています。そして，使いやすさに対応するユーザビリティについては次の5つの点を挙げています。学習のしやすさ，効率が良いこと，記憶がしやすいこと，エラーに強いこと，満足することの5点です。学習のしやすさとは，文字通り，機器やサービスの使い方を容易に学習ができすぐに操作できることです。効率も文字通り，機器やサービスを使ってすぐに成果が出せることです。記憶がしやすいこととは，私たちがたまにしか使わない機器やサービスであっても，一度使っていればすぐに思い出せるということです。エラーに強いこととは，エラーそのものの発生が少ないか，エラーが発生してもすぐに元に戻せるようになっているということで

す。最後の満足することは，使っていて楽しいかどうかということです。

2. ユーザエクスペリエンスという捉え方

　有効さや効率はユーザビリティを評価する上で重要ですが，評価としては，利用の成果を見ているだけで，人間がそれを使っている時にどのように感じているかを評価しているわけではありません。そこで，人間が機器やサービスを利用するという経験から人が何をどのように感じているかがユーザビリティを考える上で重要になります。

　そこで考えられている概念がユーザエクスペリエンス（User Experience［以下，UX］）です。ISO（9241-210）では「製品，システムまたはサービスを使用したとき，および／または使用を予測した時に生じる個人の知覚や反応」と定義されており，かなり抽象的な定義です。定義には様々なものがありますが（黒須，2012），エクスペリエンスという言葉からわかるように機器やサービスとインタラクションを行う経験を通して利用者が感じ取るもので，包括的には満足感だと考えてよいでしょう。

　ここでは，インタラクションに対する満足感，成果の期待に対する満足感，演出に対する満足感の3つの要因を仮定します。UXは，モノとのインタラクションを通して経験するものですから，インタラクションが心地よくないといけません。機器の仕組みの理解や操作性からもたらされる満足感がインタラクションに対する満足感です。また，機器を使って何らかの成果がもたらされることを期待しているわけですから，成果の期待に対する満足感も重要です。ユーザビリティの有効さや効率に対する満足感から来るものです。演出に対する満足感はノーマン（Norman, 2004）が述べた内省的デザインに相当します。効率的でないことがあっても，そのデザインコンセプトに満足感を得るといったようなことがUXに影響を及ぼします。

　表2-2に具体例をまとめてみました。例えば，汚れを簡単にふき取ることができるクリーナーがあったとします。箱のボタンを押すとティッシュタイプのクリーナーが飛び出て，それでさっと拭き取ればすぐに汚れが落ちる製品です。ボタンを押すことでクリーナーが飛び出てさっと拭き取るという，その操作は簡単でインタラクションの満

▼表 2-2　各製品やサービスにおいて UX をもたらすと想定される 3 つの満足感

製品例	インタラクションに対する満足感	成果の期待に対する満足感	演出に対する満足感
クリーナー	簡単に取り出せて、ひと拭きできれいになる	あっという間に汚れが落ちる	クリーナーの飛び出しの遊び心
スマートフォン	直接操作	多機能で，持ち運べるコンピュータ	タッチだけの操作の設計思想
EC サイト	購入手続き等の容易さ	製品，配達料，配達時間など	商品選びのコンセプト

足感は高いと考えられます。また，ひと拭きするだけで汚れが取れてしまうことは期待した成果の満足感も高くなります。そして，ボタンを押すとポンと飛び出てくる設計には遊び心もあって楽しいという感覚が生まれます。

　また，スマートフォンは，画面上のアイコンやソフトキーをタッチすることで操作ができ，いずれも直接操作（Shneiderman et al., 2016）のインタフェースでコントロール感が高いと考えられます。スマートフォンは多機能で手軽に持ち運べるコンピュータであり，その成果の満足感も高いでしょう。そして，ほとんどの操作を画面タッチで行うよう設計され，自己帰属感の高いインタフェース（渡邊，2015）であり，筐体（きょうたい）はフラットで文字通りスマートなデザインで，その設計思想に満足感も高いことが考えられます。

　EC サイトでは，インタラクションとしては，商品やサービスの購入の操作手続きがわかりやすく容易にできることが求められるでしょう。期待する成果としては，実際に購入した商品，価格，配送までの時間，配送料などが満足できたかどうかです。そして，商品の見せ方の工夫も満足感に影響を与えます。いろいろな角度から撮られた商品写真があったり，色違いの商品の写真を準備されていることもあります。また，利用者のレビューが書かれていたり，おすすめの商品を利用者ごとに示してくれたりするなど，どのようなコンセプトで利用者に商品選びをやってもらいたいと考えているのかといった側面が演出です。

UXは，まだアプローチの方法論も定まっておらず，多数の考え方が提示されているのが現状だといわれています（黒須ら，2013）。ただし，モノの使いやすさを考えるときに，モノを使って得られた客観的な成果だけを指標とするのではなく，主観的な満足感が，インタラクションに対しても，成果に対しても重要であることは共通しているでしょう。

3. ユニバーサルデザイン

ユーザビリティは，どのような利用者を想定するのかによって異なりますが，一方で，子ども，高齢者，障がい者など誰にでも使えるようなユニバーサルデザイン（universal design）であることも重要です。表2-3に示したようなユニバーサルデザインの7つの原則（The Center for Universal Design, 1997）が知られています。この原則は，機器のインタフェースを中心とした原則ですが，ウェブのサービスの利用においては，誰でも情報にアクセスできるようなアクセシビリティも求められます。アクセシビリティが高いとUXも高くなるといわれています（Aizpurua et al., 2016）。そして，機器やサービスのアクセシビリティだけの問題ではなく，障がい者が実際の生活の中でこれらのモノを使ってどのように活動の範囲が広がるかといった観点も必要になってきます（岡，2013）。

さらに高齢者になると，インタフェースの改善だけではなく，新しい人工物の理解のためのマニュアルの改善や教授法の開発，高齢者を含めた社会全体の社会整備といった対応が必要となり（権藤，2013），ユニバーサルデザインは，個々の製品やサービスにおけるインタフェースだけの問題ではなくなってきています。

4. 使いやすいマニュアル

一般に機器やサービスのユーザビリティを考える上では，実際に利用する機器に焦点が当てられてしまいがちですが，使いやすさには，マニュアルも重要な役割を果たします。マニュアルは，ただ操作手順の説明ではなく，ノーマンのメンタルモデル（図2-2）に示されるように，適切なメンタルモデルを構築する上で重要な役割を担っています（松尾，2002）。マニュアルは，書かれた手順通りに利用者にやっ

▼表2-3 ユニバーサルデザインの7つの原則*

原則	実例
1. 誰でも同じように使える	・電車やバスで，車椅子などでも同じように乗降できるようにする
2. 使う上での自由度がある	・パソコンにおいて，マウスは使わずにキーボードだけで操作できるようにする
3. シンプルで直感的に使える	・マニュアルにおいて，文章での説明ではなく図解で表す
4. 状況や人にかかわらず情報が知覚できる	・ウェブサイトにおいて，画像だけでなく文字や音声でも提供する ・暗い場所でも見えるようにする
5. エラーに強い	・操作にUNDO（元に戻す）機能をもたせる ・駅のホームに扉を設け，転落しないようにする
6. 身体的な負荷が少ない	・操作レバーを少ない力で押せるようにする ・自動販売機でかがまなくても飲料が取り出せるようにする
7. 大きさやスペースが適切である	・トイレやゲートに車椅子でもそのまま入れるようにする ・誰でも握れる取っ手のサイズにする

*Copyright © 1997 NC State University, The Center for Universal Design

てもらうことを求めるのではなく，各機能の意味や商品コンセプトなどを利用者に理解してもらう役割も重要です。特に新しいテクノロジーの製品が開発された場合など，体験的に理解できるようなマニュアルも必要になります（松尾, 1999）。

さらに，単なる記述ではなく，マニュアルがコミュニケーションになっていないといけません（松尾, 2007）。必要な場面で必要なことを知ることができるようなマニュアルでないといけません。例えば，プリンタの設置準備をする際に，電源ケーブルが本体内部に収納してあり，利用者が気づかなかったということがありました。マニュアルの手順では，付属品の確認が最初の手順に書かれ，4番目の手順で電源ケーブルを本体から取り出すようになっていました。最初の付属品の確認の手順で電源ケーブルがないことに利用者が慌ててしまったのです。確かに「記述」されているかもしれませんが，利用場面を考慮しておらず，「コミュニケーション」になっていないのです。

マニュアルは利用者と設計者がコミュニケーションをとれる大事な

手段であるはずです。実際には紙のマニュアルは利用者がなかなか読んでくれない（Novick & Ward, 2006）という現状がありますが，マニュアルの制作を疎かにしてしまっては，せっかく良い製品が開発されても意味がありません。

4節　使いやすさを評価する

　製品やサービスが使いやすいかどうかは，実際に利用者に使ってもらってはじめてわかります。使いやすかったかどうかを尋ねること自体は難しいことではないですが，人が何を考え何を思っているのかをうまく引き出すことは容易なことではありません。また，主観的な感想だけではなく，客観的な手法を使った信頼のあるデータも必要になります。そこで，心理学が重要な役割を果たすのです。実験，観察，調査といった様々な手法が心理学の中で検討されてきており（高野・岡，2004），それらの知見を活かした手法を使うことが必要です。

1．インスペクション法とユーザビリティテスト

　ここでは，主としてユーザビリティテストを取り上げますが，ユーザビリティの評価には様々な方法があります（樽本，2014；黒須ら，1999；黒須ら，2013; Nielsen, 1993）。ユーザビリティテスト(usability test)は，ユーザビリティ評価の1つの手法で，それ以外にインスペクション法(inspection methods)という手法もあります。ユーザビリティに問題がないかどうか，ユーザビリティの専門家が検査をする手法です（Nilesen & Mack, 1994）。ほかにもガイドラインや指針に基づいて検査をしていくヒューリスティック法と，実際の作業手順を追いながら問題点を発見していくウォークスルー法があります。インスペクション法はユーザビリティテストに置き換えられるものではなく，補完的にうまく利用することが求められます。

2．ユーザビリティテストの分類

　ローラー（Rohrer, 2014）は，UXの20の研究手法を3つの軸の枠組みで分類を試みています。態度－行動，定性的－定量的，評価時の製品利用条件の3つの次元です。態度－行動の軸は，心理学で

考えると，内省による主観的評価なのか客観的に観察可能な行動であるかということに相当します。定性的か定量的かは文字通り得られるデータが質的か量的かに相当します。評価時の製品利用条件は，自然な利用条件，規定の手順での利用条件，評価時には利用しない条件，ハイブリッド条件です。ハイブリッド条件は，複数の利用条件を組み合わせたケースです。

(1) 行動指標

行動指標は大きく3つに分けて考えることができます（表2-4）。1つは，機器等を利用して得られる成果，つまりテストとして与えられた課題の成績と考えられます。作業量，エラー数，遂行時間などです。もう1つは，機器等を利用したときの行動データで，視線や機器操作の記録などです。何を見聞きし，どんな操作をしたかというデータです。どこに注意を向けどのようなことを考えていたかを推定することができます。また，発話（海保・原田，1993）を記録することで利用者の思考プロセスを推定できます。最後は生理的指標です。生理的指標には様々なものがあり，脳活動（入戸野，2013），瞬目（松尾，2004, 2008），顔筋電図（Hazlett & Benedek, 2007），皮膚電位，心拍，容積脈波など（Ward & Marsden, 2003）を使った研究がみられます。感情状態や作業負荷を調べることが主な目的となっています。負荷に関しては，人間工学の分野ではメンタルワークロードという言い方をし，様々な生理的指標が考えられています（Wickens et al., 2013）。

(2) 内省

内省は質問紙による場合とインタビューによる場合があります。質問紙の場合，評価の目的に応じて独自に質問項目を作成することも

▼表2-4 ユーザビリティテストにおける行動指標の例

	指標の例	主たる用途
課題成績	作業量，エラー数，遂行時間など	有効さや効率を測定
行動記録	操作記録，視線，発話など	注意，思考などを推定
生理的指標	脳活動，瞬目，心拍，顔表情，皮膚電位など	感情や負荷を測定

できますし，標準化された既存の質問紙を利用することも可能です。独自に作成する場合は心理学の方法論としての質問紙調査法の観点から検討することが必要となります。既存の質問紙は，様々なものがあります（黒須ら，2013; Lewis, 2015）。SUS (System Usability Scale; Brooke, 1996) は，最も広く使われている尺度で10項目からなっています。また UX に関しては，UEQ (User Experience Questionnaire; Laugwitz et al., 2008) や UMUX (Usability Metric for User Experience; Finstad, 2010) があり，UEQ は日本語版もウェブで公開されています（http://www.ueq-online.org/）。

メンタルワークロードについては，Nasa-TLX (National Aeronautics and Space Administration Task Load Index) と SWAT (Subjective Workload Assessment Technique) が知られています（三宅・神代，1993）。Nasa-TLX は，精神的要求，身体的要求，時間的切迫感，作業達成度，努力，不満の6項目について評定を求めるもので，日本語版も作成されています（芳賀，1994）。

インタビューは，利用者に直接話を聞くことになりますので，利用者に問題点や改善してほしい点などを尋ねるにはこのような方式が優れています。そのやり方は一般の心理学の方法論としてのインタビューと同じように構造化されたものから構造化されていない場合もあります。また，対象をある程度限定したフォーカスグループ方式もあるでしょうし，実際に利用している場面に入り込んで調査を行うフィールドワークも考えられます（黒須ら，2013）。それぞれのユーザビリティ評価として何を明らかにしたいかによって方法を検討することが必要です。

3. ユーザビリティテストの実例

ユーザビリティテストは，公には公表できない内容も含まれていることもあるため，ここで紹介するのは研究成果として学術雑誌に掲載されたものです。そのため，実際のユーザビリティテストとは異なる点もありますが，心理学における研究手法が使われていることに注目してください。

【事例① 骨粗しょう症の薬の説明の評価（泉谷ら，2007）】

　骨粗しょう症の薬の服薬は，週に1回とか月に1回と定められており，その飲み方も，朝起きた時に水で飲み，服用後30分は横になってはいけないことなどが決められています。そのため，必ず飲み方を確認してもらう必要があり，説明文が書かれた台紙に薬が1錠ずつ張りつけてあります。その台紙に書かれている説明文の評価を行ったものです。この評価では，「週に1回」，「製品名」，「朝起きた時に飲む」，「水で飲む」，「30分間横になってはいけない」の5点の表示についてその視認性を検討しています。特にこの薬の服薬では「週に1回」が重要で，その表示を白抜き赤文字，白抜き黒文字，黒文字，赤文字の4つの条件で比較しています。視線の記録をとり，説明文の理解度を測定するための質問を行っています。患者が多い65歳以上の女性（健常者）を対象に実験を行い，白抜きの赤文字の評価が高い結果を示しました。

【事例② タブレット用キーボードの評価（Chaparro et al., 2014）】

　3種類のタブレット用のキーボードの比較を行った実験です。3種類のキーボード（機械式2種，感圧式1種）でそれぞれ5フレーズを入力させ，その時の入力速度（WPM），エラー率を測定し，さらに，メンタルワークロード（NASA-TLX），満足度（SUS），キーボードの各属性（全体の大きさ，キーサイズ，キー間隔，レイアウト，反応，正確さ，フィードバックの触感覚，フィードバック音）の好み等に答えてもらっています。16人の参加者に実験参加者内要因で行っています。
　その結果，満足度やキーボードの属性の好みは機械式が感圧式を上回っていました。課題成績は，置換エラー，誤挿入，省略エラーにおいて機械式よりも感圧式が有意に多かったという結果になっています。メンタルワークロードは，精神的要求が感圧式で高い結果を示しました。

【事例③ パララックススクロールの評価（Frederick et al., 2015）】

　パララックススクロールはウェブにおいて，前景と背景のスクロール速度を変えることで視差（parallax）効果を生み出し，立体感や奥行き感を演出できる技術で，それによってウェブ利用場面でのUXを高めることが考えられます。
　この実験では，仮想のホテルのウェブサイトを作成し，30秒〜1分間ブラウジングしてもらった後に，そのサイトで個人属性情報の入力とホテル予約をする課題を与えました。その後にユーザビリティ，満足度，娯楽性，面白さ，視覚的アピールについての質問項目に回答してもらっていま

す。パララックススクロールを設けたサイトと通常のサイトの2つを準備し、実験参加者間要因で検討しています。結果は面白さのみパララックススクロール条件のほうが高い評価となりました。

【事例④ 点滴スタンドの評価（多賀ら，2008）】
　医療現場で使われる点滴スタンドの使用に関して、困ったこと、改善してほしい点、点滴スタンドに対する思いや考えなどをインタビューで自由に語ってもらっています。患者3名、看護師3名の計6名に対して20〜30分間個別にインタビューを行っています。インタビューの結果、患者からは、音、操作性の悪さ、場所をとること、重さ、点滴チューブの絡まり、キャスターのひっかかり、安定性の悪さの7つのカテゴリーの問題点が抽出され、看護師の場合、安全性、安定性の悪さ、キャスターのひっかかり、場所をとること、不十分なメンテナンスと不衛生さの5つの問題点のカテゴリーが抽出されています。
　さらに、この研究では、患者106名を対象に満足度や気になる項目、16項目の形容詞対を用いたSD法による点滴スタンドに対するイメージなどを質問紙によって調査しています。その結果、発生する音の大きさ、安定性、脚幅の大きさ、操作性といった構造上の問題点等において評価が低く、患者の点滴スタンド使用時の満足度と関連が認められました。

　4つのユーザビリティテストの事例の特徴を表2-5にまとめました。事例①では、説明内容の理解が必要ですので、きちんと見ているのか視線を記録し、理解チェックまで行っています。事例②では実際にキーボードを使ってもらって課題成績と主観的評価を行っています。事例③はUX評価であるため、自由にブラウジングしてもらう時間をとっています。事例④は、問題点を挙げてもらうためにインタビューを行っています。このように、ユーザビリティテストでは、それぞれの目的に応じた評価手法を使うことが必要です。

5節　ヒューマンエラーに強い機器を

　機器やサービスを使う場合、機器側の不具合で動かなかったりすることがあります。一方、人間側の間違いで何らかの問題が発生することがあります。人間が起こした間違いを一般にヒューマンエラー

▼表 2-5　ユーザビリティテストの 4 つの事例の特徴

事例	行動－態度	定性的－定量的	評価時の製品利用条件
事例① 薬の説明書き	行動：視線，理解度	定量的	自然な利用
事例② タブレット用のキーボード	行動：入力時間，エラー 内省：好み，メンタルワークロード，満足度	定量的	手順規定利用
事例③ ウェブのパララックススクロール	内省：使いやすさ，楽しさ，面白さ，満足度，視覚的アピール	定量的	ハイブリッド
事例④ 点滴スタンド	内省（インタビュー）：困った点，改善してほしい点 内省（質問紙）：満足度，イメージ	定性的，定量的	評価時利用なし

(human error) といいます。人間は必ず間違いをします。それは人間が悪いのではなく，人間は，機械とは異なり決められたことしかできないのではなく，適応性が高く柔軟にいろいろな対処ができるからこそ，間違いもしてしまうのです（Dekker, 2006）。そのため，機器やサービスは，ヒューマンエラーが生じるものだという前提で設計しなければなりません。

1．ヒューマンエラーの定義と分類

　ヒューマンエラーについては様々な定義がありますが（篠原，2013b），一般には，人間の行動や判断が期待された範囲を逸脱した場合をさします。ただし，期待された範囲は個人の立場やその時の状況によって変わるため，ある行為がヒューマンエラーであるのかを明確に定めることは難しくなります。

　ヒューマンエラーの分類もいろいろありますが，ここでは，ノーマン（Norman, 2013）やリーズン（Reason, 1990）らの分類に従って，ミステイク，スリップ，ラプスに分類します。ミステイクは，行動のプランが間違っていた場合です。例えば，テレビの予約録画をリモコンで行う場合，「番組表」ボタンを押して番組の予約をすることにな

るのですが，録画をするのだからと思い，「録画」ボタンを間違って押してしまったといったエラーです。「録画」ボタンを押すとその時点で視聴しているテレビ番組が録画されてしまいます。これは，予約録画の時に「録画」ボタンを押すという行為の意図形成（プラン）が間違っていたことになります。また，スマートフォンなどで，メッセージを作成中に1文字削除したいのに，「削除」ではなく誤って「送信」をタッチしてしまったというような間違いは，スリップとなります。プランは正しかったのですが，実行を間違ったのがスリップです。さらに，メールなどでタイトルを後で考えて入れようと思い，先に本文を書いてしまい，タイトルを後から入れることを忘れていて，そのまま送信してしまったというような間違いがあります。このように忘れるといった記憶のエラーがラプスです。

2．なぜヒューマンエラーが生じるのか

　ヒューマンエラーは，その人がおかれた様々な要因が引き起こしてしまいます。ヒューマンエラーを起こした人の知識や技術の問題もありますが，誤った判断や行動は，その人がおかれた状況においては合理的な選択であったにすぎないとも考えられます。後になって考えると，なぜそのような判断や行動をしてしまったのかと疑問視される場合もありますが，それは後知恵バイアスにすぎず，ヒューマンエラーには，局所的合理性（Dekker, 2006）があるという言い方がなされます。

　ヒューマンエラーを起こした人の問題ではなく，その人を取り巻く要因のほうに問題があると考えられます。環境要因，時間的切迫感，効率化の要求などの要因に加えて，インタフェースの問題が影響を与えていることが多くあります。輸液ポンプと心電図のケーブルを間違えて患者が亡くなったケース（Casey, 1993），株の誤発注によって証券会社が倒産したケース（飯尾・清水，2008），飛行機の高度入力ミスにより多くの犠牲者を出したケース（杉江，2006）など，これらはどれもインタフェースの問題だと考えられています。人間が注意をしておけば防げたわけではありません。

　特に，機器等の利用を考えた場合，どのような知識・技術をもった人が利用するのかもわかりませんし，どのような状況下で利用するの

かも明確に特定できるわけではありません。そのため，どのような人が，どのような状況下で使っても，ヒューマンエラーが生じても大丈夫なような設計が求められます。

3. ヒューマンエラーが生じないような対策

エラーへの対策は，3つのやり方が考えられます（表2-6）。1つは，知識や技術を支援することです。知識があれば，利用者のメンタルモデルは設計者のメンタルモデルに近づくことが期待されます。メンタルモデルは，1節で述べましたように，機器イメージやマニュアルとのインタラクションで学習されます。先に述べたテレビの予約録画の間違いの場合，設計者と利用者のメンタルモデルが異なっている例です。マニュアルで「番組表」から予約をしなければならないと説明をしておく必要があります。

▼表2-6　ヒューマンエラーの例と考えられる対策

ヒューマンエラーの種類と例	対策例		
	知識や技術の支援	わかりやすくする	防護する
（ミステイク）予約録画をするのに，間違って「録画」ボタンを押す	マニュアルでの説明	「予約録画」ボタンを設置	―
（ミステイク）間違った薬を処方	名称の示差性を高める	付加的情報の表示 選択肢の低減	危険な薬の場合に警告メッセージを出す
（スリップ）近くにある「送信」ボタンを間違って操作	ボタンを離す	―	確認メッセージを出す
（スリップ）ケーブルを間違って接続	―	色分けや表示によって違いを示す	ケーブルの形状を変え接続できないようにする（ロックアウト）
（ラプス）タイトルやアドレスを入れ忘れ送信	―	タイトル欄やアドレス欄を目立つようにする	送信できないよう制約を設ける（ロックイン）。警告メッセージを出す（インターロック）

また，スマートフォンで間違って「送信」を押してしまうスリップを先に述べましたが，これはメッセージアプリの場合，入力文字パッドと「送信」が近い位置にあるため誤って「送信」をタッチしてしまうのです。しかし，メールアプリの場合，「送信」が上のほうにあり，そのような間違いをすることはほとんどありません。ボタンが接近していると細かい手指の操作が必要なのですが，細かい操作を求めないような設計が大事で，ユニバーサルデザインにも通じるところがあります。

　さらに，医療現場で医師がコンピュータで薬を間違って処方してしまうようなことがありますが（渡部ら，2002），類似した薬の名称の存在がエラーを起こしますので，名称を変え名称の示差性を高めることが支援になります。

　いずれも利用者に気をつけて操作することを求めるのではなく，技術がなくても誰でもできるように支援する設計が重要です。

　2番目は，間違いを制止してくれるわかりやすい設計にすることです。デザインの7つの基礎原理（表2-1）をうまく活用すればよいのですが，現実にはそれがうまくなされずエラーを誘発してしまっています（中村，2015）。自然な対応付け，シグニファイア，制約などを適切に設けることによって，エラーをなくすことができます。

　例えば，予約録画の場合，機器イメージとして「予約録画」といったボタンがあれば，間違いは防ぐことができるでしょう。間違った処方も似たような薬が並ぶことが間違いを誘発するため，表示される薬の名称を少なくするという工夫（渡部ら，2002）や薬効などを併記することがエラーを防ぐことになります。ケーブルの誤接続には色分けや表示によって違いが明確にわかるようにする工夫が必要です。メールにおけるタイトルの入力忘れなどのような場合，必須項目などは，目立つようなフォームにするなどの工夫が必要でしょう。

　3番目は，間違いが生じても，それを事前に防ぐか，大きな損害にいたらないように防護する工夫です。ヒューマンエラーが大きな事故を起こしてしまう産業の分野では，ポカヨケ（新郷，1985），バリア（Hollnagel, 2004），外的手がかり（松尾，2003）といった仕組みが検討されています。ケーブルの誤接続を防止するために，形状を変えて間違った接続ができないようにする例がそうです。これらは，間違っ

た操作などができないように制約を設けることです。

　ノーマン（Norman, 2013）は制約の機能をロックイン，ロックアウト，インターロックに分類しています。メールのタイトル入れ忘れは，タイトルを入れていないのに送信をしようとすると，警告を出すようになっているものもあり，これはロックインに分類されます。作業が完了するまで終わらせないようにする制約がロックインです。一方，アドレスを入れ忘れた場合は，送信ボタンそのものが押せないようになっています。手順通りにやらないと次に進めない制約で，インターロックといわれます。ロックアウトは，スマートフォンなどで全消去やリセットをしようとするときにパスワード入力が求められるような場合です。ロックアウトは，許可された場合や許可された人しかできないようにする制約で，ケーブルの形状を変える場合も一種のロックアウトに含まれ，色分けや表示だけではエラーは防げず，制約を設けることがより効果的です。

　実行したら元に戻せないような場合には，確認メッセージを出すことで，ある程度エラーを防ぐことができます。薬の処方やメールの送信の場合，警告メッセージや確認メッセージを出すことが考えられますが，録画ボタン操作の場合，そのようなメッセージを出すことが難しく，予約録画のつもりで間違って録画ボタンを押してしまった場合，防ぎようがありません。

　ヒューマンエラーは，利用者が気をつければなくなるということですませてしまってはいきません。エラーに対する対策がなされていない場合，事故につながる可能性もありますし，製品やサービスに対する評価が低くなってしまいます。そのため，設計者としてはヒューマンエラーに対する心理学的知見を活かして製品やサービスの開発が求められます。

わかりやすいマニュアルを作る仕事

　福岡市でマニュアルやウェブサイトの制作を手がけるエルモ・アソシエイツで仕事をされているお二人にインタビューをしました。マニュアルやウェブサイトの説明文は，わかりやすいものでなければなりませんが，はじめの頃，その「わかりやすい」というのが，一体どういうことをさすのか，お二人には難しかったそうです。その答えを出してくれたのが心理学でした。

　お二人は以前，勉強のため，テクニカルコミュニケーター協会のシンポジウムに参加されていました。この協会は，製品やサービスの使用説明を扱う専門家の団体です。そのシンポジウムで興味深かったのは各企業の実践例の紹介などではなく，大学の先生が「わかりやすさ」について話される内容だったそうです。そこで出会ったのが心理学でした。一般に心理学のイメージとして抱かれているカウンセリングなどとは異なる心理学があるのだと知ったのもその場でした。ちなみにテクニカルコミュニケーター協会の歴代の会長は，ずっと心理学者です。そこで，お二人にとってストライクだったのが認知心理学だったのです。

　それから，お二人は，いろんな形で心理学を学ぶようになりました。地元の大学の先生に教えを請うたり，聴講生として大学の授業を学んだり，通信制の大学で勉強したり，大学院に入って修士号までとられました。そこで学んだことが仕事に活かされているそうです。

　マニュアルを作成するときに注意されているのは，カテゴリーとその階層です。目次のカテゴリーは少ないほうがよいのですが，少なすぎるとその下位階層が深くなりすぎ，逆に階層を浅くしようとするとカテゴリーが多くなってしまいます。心理学での記憶の範囲マジックナンバー 7 ± 2 を意識して制作されています。

　また，ウェブサイトの仕事では，利用者の立場からみてサイトの流れがわかりやすいものを作ろうとされています。しかし，見た目が「かっこいい」サイトが好まれてしまう傾向にあり，使い勝手の悪いサイトになってしまっているのをよく見かけるそうです。例えば，ECサイトなどで，自分がほしい商品を検索しカートに入れ，引き続いて買い物したいと思った時に，先ほどの検索結果に戻れずトップメニューに戻ってまた検索をしなければならないようなサイトがあると指摘されています。利用者の立場からみた制作がなされていないということです。

　一方，わかりやすさを優先しようとする仕事の姿勢は，少し出しゃばってしまうこともあるそうです。マニュアルを作る仕事は，作られた仕様に

　口出しをする立場ではないのですが、「ここをこうしたほうがわかりやすくなりますよ」と制作を依頼されたクライアントさんに話をされることもあります。喜ばれることもありますが、逆に煙たがれることもあるそうです。わかりやすさがいかに大事かの共通認識をもってもらうことに努力をされています。
　これからももっと学びたいと高い意欲をもつお二人は、仕事をしながら大学でわかりやすさについて学んだことがよかったと言われています。大学の勉強は高校を卒業直後に学ぶよりも、仕事を4, 5年経験してから学ぶほうが意味があると感じられたそうです。これは、他の学問にもある程度共通していえることかもしれませんが、心理学がいかに仕事に活かせる学問だということの表れだと思います。

ギャップを埋めるユーザビリティテスト

　トイレ，浴室，洗面，キッチンなどの水回りの設備を製造しているTOTOでは，ユニバーサルデザイン研究所という研究所をもっています。ここでは，製品のユーザビリティテストを行っています。ユーザビリティテストの大きな目標の1つは，ギャップを埋めることだそうです。そのギャップとは，製品の提案者と利用者との間のギャップです。提案者が，この程度の使い勝手であれば十分使いやすいだろうと思っても，実際の利用者は，もっと使い勝手が良くないと使いやすいと思わないのです。しかし，提案者はそのことに気づいていません。

　例えば，洗浄トイレのパネルスイッチに，「大」と「小」とだけ表示したボタンをつけました。それぞれ「大便用の洗浄スイッチ」「小便用の洗浄スイッチ」のつもりだったのですが，ユーザビリティテストをしたところ，利用者には，洗浄の強さを大きくしたり小さくしたり調節するスイッチだと思われたということです。提案者は，常識的にわかるだろうと思っていたのですが，ギャップがあったのです。ノーマンの示した設計者と利用者のメンタルモデルの違いそのものが，ここに表れていたのでしょう。

　また，洗浄の様々な機能を絵文字で示し，その下にボタンを配置したのですが，利用者は，ボタンを押さずに絵文字のほうを押してしまったそうです。ボタンは，どれも同じ大きさで何も表示がありませんでした。押すことでスイッチが入るということはわかったのでしょうが，絵文字のほうにシグニファイアがあったのでしょう。

キッチンの調味料入れのユーザビリティテストを行った時のことです。シンク横の調理スペースの奥に引き出し収納タイプの調味料入れを作りました。必要な時に，調味料入れを引き出せば使えるという設計です。調理スペースの奥にあるわけですから，とても便利なはずです。ところが，ユーザビリティテストを行うと，利用者は，引き出しを半分しか引き出しません。調理スペースで調理をするわけですから，全部引き出すと調理の邪魔になってしまいます。半分引き出すだけだと，引き出しの手前に収納した調味料は使えますが，奥の調味料は取り出せません。そのことがわかったのは，実際に調理を行ってもらう形でユーザビリティテストを行ったからです。設計段階では，実際の調理場面での利用が十分に想定できなかったのでしょう。これもギャップがあったからでしょう。

　ユニバーサルデザイン研究所の方々は，ユーザビリティテストの大切さがよくわかっておられるようでした。それは，心理学の基本的なアプローチに通じるところがあります。心理学を学ぶと，人間の考えることや行動を簡単に予測できるように考えてしまいがちです。しかし，そうではありません。心理学の基本的なアプローチは，実験や観察，調査を通して客観的なデータを集めなければわからないというスタンスです。その精神はユーザビリティテストにそのまま活かされるのです。実際に使う人に，実際の場面と同じように使ってもらってはじめてわかるという考えです。

現場の声 3

「人は誰でも間違える」の意識を現場で活かしたい

　Yさんは，ある地方自治体で広報誌の制作の仕事をしています。市民の方に読んでもらうため，記事には誤字・脱字を含め，誤りがあってはなりません。そのため，文章のチェックはとても大事な作業です。それでも，最終的に出来上がった広報誌は完璧ではなく，誤りが出てしまうこともあり，市民の方から指摘を受けることもあるそうです。間違いのないように気をつけているつもりでも，人間は誤りをしてしまいます。

　ところが，今の仕事の現場で行っているチェック作業のやり方が，心理学を学んだYさんからすると，問題があるのではないかと思っています。広報誌の記事はそれぞれ担当を決めて原稿を書くのですが，最終的なチェックの段階でも，その担当者が中心で読み合わせをするというのです。原稿を書いた本人は何度も読んでいるため，正しいと思い込んでしまいますから，ダブルチェックをするのに違う人の目で見たほうがいいのではといつもYさんは思っているのです。しかし，それを指摘しても「本人が気をつければいい」とチェック作業の体制は改善されないままだそうです。

　また，あるソフトウェアを使った時の経験も話していただきました。そのソフトウェアは，処理の実行日時を予約することができるのですが，間違って過去の日付を入力してしまうと，すぐに実行されてしまうそうです。現在の日時と比較して，その日時が過ぎていれば，実行するというのは，プログラム的には確かに正解かもしれません。間違いが先の日付の間違いであればまだ実行されていないわけですから，後で修正もできます。しかし，過去の日付の入力間違いで，即実行されてしまっては取り返しがつきません。そこで，制作したメーカーに過去の日付を入力したときは，警告のメッセージを出すようにしてほしいと要望を出したのですが，「入力する人が気をつければよい」と言われたそうです。人間が入力ミスをすることを想定していないのです。

　まだまだ心理学でのヒューマンエラーの知見が現場では活かされていないようです。

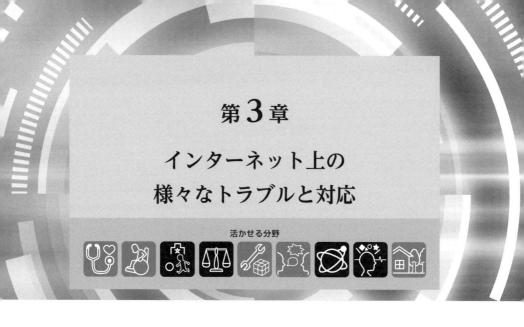

第3章
インターネット上の様々なトラブルと対応

1節　ネット上のトラブルに関する現状

　様々な情報通信技術が広く普及し，誰もが扱えるようになったことで，私たちの暮らしや生活，社会全体は大きく変わりました。しかし一方で，これまでの社会では思いもよらないようなトラブルも発生するようになったことが報告されています。その影響や問題は，特に，小学生・中学生・高校生などの若年層においてより色濃く表れてきています。1節ではまず，情報通信機器の普及の影で生じたそれぞれのトラブルが，どのようなものであるかをみていきます。

1. 若年層における情報通信機器の普及と様々なトラブルの発生

　近年の情報技術の浸透は目覚ましく，平成27年情報通信白書（総務省，2015）によれば，情報通信機器の普及は全体的に飽和状態にあるとまで表現されています。また昨今では中学生・高校生はもちろんのこと，小学生でさえも様々な情報機器に日常的に接触しており，気軽に所持・利用できるようになりました。特に内閣府（2016）による，「平成27年度青少年のインターネット利用環境実態調査」では，スマートフォンの利用率が中学生では45.8％，高校生では93.6％と非常に高い値が示されています。さらに小学生でも23.7％にまでのぼり，約4人に1人の児童がスマートフォンを利用してい

るということがわかります。また、デジタルアーツ（2016）の調査からは、0歳から9歳の児童における自分専用の情報機器端末の所有率が55.5％に到達することも報告されました（内訳は、携帯ゲーム機が27.6％、子ども用携帯電話が15.3％、市販のタブレット端末が11.9％とのことです）。加えて、その利用時間も決して少なくなく、1日4時間以上スマートフォンからインターネットを利用する者が、中学生では12.2％、高校生では21.5％にも及ぶことも明らかとなっています（図3-1；内閣府、2016）。利用内容も多岐にわたるものであり（表3-1；内閣府、2016）、情報検索やゲーム利用のみならず、コミュニケーションや動画・音楽の視聴の手段としても広く利用され、子どもたちの生活の中心に位置している様子もうかがわれます。このように、スマートフォンをはじめとする情報通信機器はもはや、子どもたちにとってごく身近に存在する「当たり前にある」ツールとなっています。

　MITメディアラボの所長である伊藤（2015）は、インターネット普及前の時代を「ビフォア・インターネット（BI）」、普及後の現在を「アフター・インターネット（AI）」と称し、人類史はいずれインターネット普及以前・以後をもとに区分されていくであろうと論じていますが、現代社会を生きる子どもたちは、まさにインターネット普及以後という新世紀に生を受けた新世代、「デジタル・ネイティヴ」といえるでしょう。

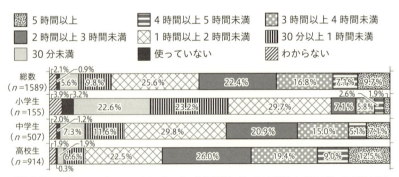

注）左側の n は、スマートフォンでインターネットを利用していると回答した者の人数、および小学生・中学生・高校生別の人数を表す。

▲図3-1　平日1日当たりのスマートフォンからのインターネットの利用時間
　　　　（内閣府、2016より作成）

▼表3-1 インターネットの利用内容（内閣府，2016より作成）

	コミュニケーション	ニュース	情報検索	地図・ナビゲーション	音楽視聴	動画視聴	電子書籍	ゲーム	ショッピング・オークション	その他
総数 n=1589	83.4	33.1	65.2	38.3	69.9	74.1	15.5	72.3	14.8	1.6
小学生 n=155	<u>43.9</u>	9.7	42.6	6.5	31.0	<u>53.5</u>	5.2	<u>72.9</u>	3.2	1.3
中学生 n=507	<u>80.3</u>	28.2	58.8	29.0	63.5	<u>71.2</u>	13.0	<u>73.2</u>	6.7	1.4
高校生 n=914	<u>92.0</u>	39.6	72.6	48.5	<u>80.0</u>	<u>79.1</u>	18.8	71.8	21.1	1.8

注）数値は％を表し，下線部は各学校段階において回答が多かったもの（上位3位）を表す。また左側の n は，スマートフォンでインターネットを利用していると回答した者の人数，および小学生・中学生・高校生別の人数を表す。

　しかし同時に，子どもたちがネット上の様々なトラブルに巻き込まれるケースも多くみられるようになりました。総務省（2015）による「インターネットトラブル事例集」では，多岐にわたるトラブルの様子や事例が紹介されており，かつ，中学生では32.9％，高校生では59.7％がインターネット上のトラブルや問題行動に関連する経験をしていることも報告されています。さらに高校生においてはその経験の認識について当事者と保護者の間でズレが生じており，保護者が認識している以上に，高校生たちはインターネット上のトラブルを経験している傾向があることも示されています。つまり現代の子どもたちは，豊富な情報通信機器とともに新しい時代を闊歩しながらも，大人も気づかないうちに，そして大人も知らないような新しい種類のトラブルに巻き込まれかねない日々を過ごしているのです。

2. ネットいじめに関する現状

　こうしたトラブルの中でも，非常に深刻な問題として議論されてい

るのがネットいじめ（Cyber-bullying）です。このネットいじめは，叩く，蹴る，無視をするといったような従来的ないじめとは異なり，パソコンや携帯機器などを用いたいじめとして，明確に区別されています（例えば，Raskauskas & Stoltz, 2007）。また，日本でも文部科学省が 2006 年度から，「児童生徒の問題行動等生徒指導上の諸問題に関する調査」におけるいじめの様態区分として，「パソコンや携帯電話等で，誹謗中傷や嫌なことをされる」という項目を追加して，ネットいじめに関する調査を実施しています。当時の被害報告件数は 4883 件であったとのことですが（文部科学省，2007），近年の認知件数は 7855 件，8787 件，7898 件と高い水準で推移していることがわかります（文部科学省，2013, 2014, 2015）。

このネットいじめは，さらに次のように分類されることもあります。第 1 には，メールを送信して誹謗中傷を行ったり，ターゲットが運営するサイトを攻撃したりするなど，ターゲットに対して直接的な被害をもたらす直接的ネットいじめ，第 2 には，不特定多数の人々を対象としてターゲットを貶めるようなゴシップや嘘を流布したり，個人情報を勝手に公開したりするなどの間接的ネットいじめです（例えば，Kowalski et al., 2008）。加えて近年では，ネット上で形成された仲間同士のグループやネットワークから，ターゲットを除外してしまうといったような，関係性を操作する種類のネットいじめもみられるようです（三島ら，2010）。

ネットいじめが問題となっているのは，日本だけではありません。実は，欧米やアジア諸国でも同様に問題視され，たくさんの調査や研究がなされてきました。その中でも初期に行われた大規模な研究として，フィンケルホールらの研究が挙げられます（Finkelhor et al., 2000）。この研究では，米国内の児童および生徒 1501 名を対象に調査を実施し，回答者のうち 6.3％が，ネットを介して何らかの嫌がらせをされた経験があることを示しています。

また EU 諸国でも，この問題について 2006 年から「The EU Kids Online」というネットワークを組織し調査を行ってきていますが，その中でもやはり，各国の子どもたちがネットいじめを経験していることが報告されています（Hasebrink et al., 2008）。同様の調査はカナダ（Kids Help Phone, 2012）でも実施されていますし，その他

の国々でもネットいじめにまつわる様々な事件が生じているとのことです。すなわち，情報通信機器が広く浸透した国において，ほぼ必ずと言っていいほど生じている問題であるといえます。

3. インターネットを介した出会いに伴うトラブル

　加えて，インターネット上ではじめて知り合った者同士が，現実世界でも接触しようとし，トラブルや事件に巻き込まれるといった事件が相次いで報告されています。このようにインターネットを介した出会いに起因する事件や犯罪は，かつてはいわゆる「出会い系サイト」を中心に生じていましたが，近年では，より一般的かつ身近なコミュニティサイト上において生じるようになってきました。警察庁が発表した資料によれば，2015 年中に生じた出会い系サイトに起因する事犯の被害児童数は 93 名であり，これまでと比しても非常に少なくなってきています。しかし，コミュニティサイトに起因する事犯の被害児童数は同年で 1652 名にものぼり，2008 年以降は増加傾向にあると報告されています（警察庁，2016）。トラブルの舞台は，より子どもたちの近くへと移行しつつあるのです。

　このようなオンラインでの出会いは，海外でもオンラインデーティング（online dating）とよばれ，同じく問題視されています。例えば英国では，オンラインデーティングサイトやソーシャルネットワークを介した恋愛詐欺に関する実態調査を通して，金銭的トラブルを経験した者が全体の 0.65％存在していることを明らかにし，英国全土では約 23 万人の被害者がいると推定しています（Whitty & Buchanan, 2012）。また，米国でのオンラインデーティング詐欺の動向を総括した研究からは，2007 年には平均して 1 件当たり 3000 ドル以上の被害が生じていることや，インターネットに関連した犯罪のうち最も多くの苦情が寄せられていることが示されています（Rege, 2009）。

　こうしたトラブルが増加しつつある背景には，ネットを介して誰かとはじめて知り合い，対面で出会おうとすることそのものが，若年層においてそれほど珍しいことではなくなっていることに起因するといえるでしょう。実際，ベネッセ教育総合研究所（2014）が中高生を対象に実施した調査からは，「インターネットを介して知り合った人

がいる」と回答した者が中学生では 24.7％，高校生では 24.3％にのぼること，さらに「対面で会ったことがある」という回答が中学生では 5.8％，高校生では 8.4％にも及ぶことが報告されています。

4．本章の目的

　このようにみていくと，子どもたちにとってインターネットは非常に身近なものとなっている一方で，インターネットによる様々なトラブルや問題はいまだに山積みのままであり，むしろ深刻化・複雑化の一途にあることがうかがわれます。したがって，学校現場や教育現場で日々子どもたちと向き合わなければならない教員職や管理職に就いておられる方々や，相談員や学校支援コーディネーター，スクールカウンセラーなどという形で児童生徒への支援活動・相談業務に関わる方々にとっても，これらの問題は毎日の仕事と深く関わる大きな懸念事項となり得ると考えられます。

　しかし，これからの時代において，インターネットをはじめとする情報通信技術を完全に断ち切り，いっさい利用することなく生きていくことは，ほぼ不可能でしょう。したがって，インターネットに関連するトラブルを予防するために，子どもたちをインターネットから隔離し，いつまでも利用させないというわけにはいきません。むしろ，インターネットそのものが社会構造と密接に結びつき，すでに不可分となった「アフター・インターネット」の時代の中では，インターネットとの付き合い方および向き合い方や，子どもたちとインターネットの関係のあり方について，慎重に考えていくことが重要となります。そのためには，インターネット上でどのような問題が生じているかを様々な視点から見極め，その背景に介在するプロセスを分析しながら，冷静に対処法を講じていくことが何よりも重要です。

　これを踏まえて本章では，ネットいじめの問題と，インターネットを介した出会いに関する問題に焦点を当てながら，その背景にみられる様々な心理的過程を分析した研究を紹介していきます。そして最後に，私たちがこれらのトラブルに対してどのように対処すべきなのかという点について，読者の皆さんと一緒に考えていければと思います。

2節　ネットいじめ

　現代の子どもたちを取り巻く深刻な問題として，ネットいじめが挙げられます。この問題の構造は非常に複雑であり，家庭や教育現場でも対応に困っておられる方々は少なくないのではないかと思われますが，有効な対処法や介入法を考えていくためには，被害者と加害者それぞれにおいて生じている心理的過程について，両者を区別しながら詳細に捉えていく必要があります。下記，それぞれの立場から，どのような要因によって問題が複雑化しているのかについてみていきましょう。

1. 被害者における心理的過程

(1) 短期的および長期的なネガティブ感情の発生

　ネットいじめとは，その発生自体が非常に深刻な問題であるといえますが，被害者への心理的影響もまた大きな問題となることが示されています。例えばイバラとミッシェル（Ybarra & Mitchell, 2004）は，ネットいじめに関して被害者および加害者として深く関与する者ほど，抑うつ的症状が高いことを示しています。同様にその他のネットいじめ研究（例えば，Finkelhor, et al., 2000; Wolak, Mitchell, & Finkelhor, 2006）でも，ネット上での嫌がらせを受けた者は，不安や心配などのネガティブ感情を強く抱いていたことが報告されています。国内の研究でも，類似した知見が示されています。例えば黒川（2010a）では，ネットいじめの被害者は，不安や抑うつをはじめとするネガティブ感情が高いことを明らかにしています。これらのネガティブ感情は，決して従来型のいじめと比較して低いものではなく，同程度に高いものであることを示す研究もあります（三枝・本間, 2011）。

　また，その心理的影響は，ネットいじめ被害から距離をおきさえすれば低減するというものでもありません。近年行われた8歳から13歳の児童生徒への縦断的調査の結果からは（Cole et al., 2016），ネットいじめの被害経験の影響は1年後にも及ぶことが示されています。国内の研究からも同じく，小学生・中学生・高校生を対象に3波の縦断的調査を実施した鈴木ら（2013）の研究によって，ネットいじ

め被害経験は，半年後または1年後の抑うつの増大や学校適応感の低下と結びついていることが明らかとなりました。いじめによる影響は長期にわたり，被害者を長期間にわたって苦しめ続けることはかつてより示されてきましたが（例えば，坂西，1995；三島，2008；水谷・雨宮，2015），いじめの舞台がインターネット上に移った現在も同じであるとうかがわれます。

　したがって，いくらインターネット上で起きていることであったとしても，ネットいじめとは，被害者にとって決して「インターネットの向こう側の出来事」として割り切れるものではなく，短期的にも長期的にも様々なネガティブな影響をもたらす，非常に大きな脅威となっているのです。

(2) 相談行動の抑制

　さらに，これまでの研究からは，ネットいじめの被害者が，「周囲の誰かに相談する」などの対処行動を，自ら抑制してしまうケースが多いことが示されてきました。

　スミスら（Smith et al., 2006）が行った研究からは，ネットいじめの被害者のうち43.7％が，被害を受けたことを誰にも話さなかったと回答していることが明らかになりました。また，誰にも話さなかった者の割合は，従来型のいじめよりも，ネットいじめのほうが多いことも示されています（Smith et al., 2006）。また，ネットいじめの被害経験に関して，インターネット上の友人への相談はやや行われやすいものの（56.6％），現実生活における周囲の友だちや両親などに相談した者の割合は少ない（友だちで23.0％，両親で19.5％）ことを示したデータ（Patchin & Hinduja, 2006）もあります。

　このような傾向は日本でもみられています。日本子ども社会学会が全国の中学生を対象に実施した調査からは，インターネット上の掲示板で攻撃された者のうち47.2％が，その経験を「誰にも相談しなかった」と回答していたのです（深谷・高旗，2008）。民間企業が行ったウェブ調査の結果からも，実際にネット上でトラブルが生じた際に，「(誰かに) 相談したことがある」と回答した者が2割にも満たなかったことも報告されています（ネットスター，2007）。

　ネットいじめとは，匿名の加害者の手によって，ネット上を舞台と

して行われるものですから，当事者以外からは発見しにくいという特徴があるといえます（場合によっては，ターゲットとされていた被害者本人も，すべての被害状況を把握できないこともあり得るほどです）。そうした特徴に加えて，被害者本人からの周囲へのSOSサインが出せなくなるとすれば，ネットいじめの発見はさらに遅れていくことでしょう。またそれによって被害が長期化したり，解決までの道のりが遠ざかったりするのみならず，そのうちに事態がよりエスカレートしてしまう危険性もあります。

　周囲への相談を自ら抑制してしまう背景について，藤・吉田（2014）は，ネットいじめ被害経験のある者を対象に実施したウェブ調査の結果から，次のような認知が生じていることを示しました。すなわち，インターネットの匿名性ゆえに加害者が特定できず，周囲の誰もが信用できないと考える「孤立性の認知」，場所や時間を選ばずにネットいじめが生じるために，いじめからの逃げ場がどこにもないと捉える「不可避性の認知」，インターネット上が舞台となるために，いじめの被害がどこまでも波及することを危惧する「波及性の認知」という3種類の認知が，ネットいじめ被害によって生じていることがわかったのです。さらにこれらの認知の中でも，不可避性および波及性の認知はやがて，「ネットいじめに対して，どうすることもできない」という無力感に結びつくとともに，最終的に相談行動が抑制されていくという過程にいたることも示されました。加えて，孤立性の認知が生じることで，直接的に相談行動が抑制されていくことも明らかになりました（図3-2）。

　よく，「便りがないのは良い便り」と捉えられることがあります。そして，「本人が深刻に悩んでいるならば自ら相談に訪れるはずである」，ひいては，「本人からの相談がないということは，それほど悩んではいないのではないか」と。子どもたちが悩んでいても，周囲の大人がこのように考えてしまうことは少なくないでしょう。しかし藤・吉田（2014）の結果が示すのは，ネットいじめにおいては，必ずしもそうとは限らないということです。ネットいじめ被害者は，被害を受けたという事実のみならず，「被害を受けたことが，何を意味するのか」ということを恐れつつ，非常に深刻な脅威として受け止めている「からこそ」，相談行動を行うことができないのだといえます。

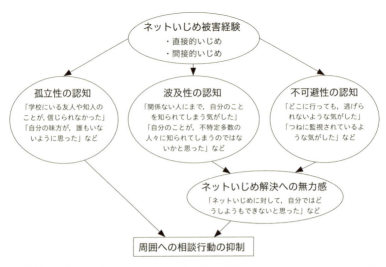

▲図 3-2　ネットいじめ被害者における，相談行動の抑制に至るまでの心理的過程
（藤・吉田，2014 より作成）

　ですから逆にいえば，被害者本人からの相談があった際には，本人にとっての深刻な脅威を乗り越えた上での決断であると捉え，親身に対応していくことが大切であるといえるでしょう。本人がようやく振り絞ることのできた「相談する勇気」を十分に受け止めることが，ネットいじめ被害状況に介入および対処していく際には何よりも重要であると考えられます。

2. 加害者における心理的過程

(1) 匿名性に対する認知・意識

　ネットいじめ被害が生じた際にどのように対応するかという対症的観点のみならず，どのようにすればネットいじめ加害の発生を防げるかという予防的観点もまた，ネットいじめという問題に取り組んでいく上で重要となります。それでは，ネットいじめ加害行動を生み出す要因とは，どのようなものなのでしょうか。
　その1つとして，インターネットの匿名性に対する認知が挙げられます。コワルスキら（Kowalski et al., 2008）によれば，ネットいじめを行う者は，「インターネット上では，誰がどんな発言をしても，ばれることがない」，または「仕返しを受ける恐れもなく，相手を攻

撃できる」といったように，インターネット上の空間を過度に匿名的な空間であると認知していることが指摘されています。こうした知見は国内の研究でも示されており，「インターネット上は誰にも知られないから気楽だ」「本当に言いたいことを書ける」といったような認知や，「メールのほうが楽しい」「インターネット上のほうが素直になれる」「直接話すより好きだ」というようなインターネットそのものへのポジティブな認知が，メールやネットを介したいじめ加害行動を促進していると示唆する報告もあります（黒川，2010b）。

　これらを総合するとネットいじめとは，インターネットがもつ匿名性を認知することによって促進されている可能性が考えられます。このように，匿名的な状況下において人々は，攻撃的・逸脱的にふるまうようになるという考え方は，インターネット普及当初から共有されてきました。もはや「常識」であるとさえいえるでしょう。実際に過去の研究の中からも，そうした考え方を支持する結果が示されてきています。例えば，スプロールとキースラー（Sproull & Kiesler, 1986）は，米国のある大組織を対象として，電子メールでのやり取りについて分析した結果，メール上では性別，年齢，職業，地理的な位置などの社会的手がかりが伝達されにくいことを明らかにしました。そして，それゆえにメール利用者は他者に関心を寄せることがなくなり，対面場面に比べて，より脱抑制的で非同調的になることを示唆しています。これと同様に，コンピュータを介したコミュニケーションの中では，相手の表情や身振り・手振り，声色などが伝達されないことに着目した指摘もみられます。これらの非言語的手がかりが伝わらないことで，「相手がそこにいる」という感覚が乏しくなり，その結果，攻撃的・反社会的な言動が引き起こされてしまうという指摘です（例えば，Sproull & Kiesler, 1991）。いずれにせよ，匿名性ゆえに様々な手がかりが伝わらなくなってしまうインターネット上では，自分で自分を抑制できなくなり，攻撃的・反社会的な言動や行動が増えていくという説明は，比較的初期の研究から示されてきました。

　しかし，匿名状況下であっても，必ずしも人々が攻撃的になるわけではない可能性も，過去の研究から明らかにされてきています。ワルサー（Walther, 1995）という研究者が行った実験では，参加者に対して，3回に及ぶ対面もしくはコンピュータを介しての議論課題に

加わってもらうとともに，その都度，議論したそれぞれの相手に対して人物評定をしてもらうように依頼しました。その結果，コンピュータを介したコミュニケーション状況で議論に参加していた人々のほうが，対面状況よりも，より社会的であるとして高く評価されていたことがわかりました。つまり，一時的に形成された匿名的集団であっても，攻撃的・反社会的・脱抑制的なやり取りが生じるばかりではなく，むしろより社会的なやり取りがなされる可能性もあることが示されたのです。

　同様に，マッケナとバージ（McKenna & Bargh, 1998）が行った，マイノリティとしての悩み（例えば，肥満，脳性麻痺，同性愛，薬物依存など）について話し合うインターネット上のグループへの参加者を対象とした調査からも，匿名的なコミュニケーション状況下にあってもお互いがお互いを思いやるポジティブな返信が頻繁に生じていることが示されています。そしてそのようなやり取りは，やがて，その場に集う互いのことを大事に思う気持ちを高め，最終的には自分のマイノリティ・アイデンティティの受容や周囲へのカミングアウト行動，ひいてはそれまで抱いていた孤立感の解消にも結びつく可能性を示唆しています。つまり，これまでの研究を紐解いていくと，人々は決して匿名的な状況で攻撃的になるばかりではなく，むしろ社会的・親和的にふるまうようになる可能性も支持されてきているのです。

　これらの両者の視点を統合し得る理論として，ライヒャーら（Reicher et al., 1995）およびスピアーズら（Spears et al., 2007）による，脱個人化作用の社会的アイデンティティモデル（Social Identity model of Deindividuation Effect: SIDEモデル）があります（図3-3）。このモデルでは，端的にいえば，インターネット上のコミュニケーションに参加した人々が，その場の集団の規範に引きずられて自分を見失い，自分で自分を抑制できないようになるか，それとももしくは，自分が大切だと思う規範を遵守するようになり，周囲への配慮や親和性を維持できるかは，匿名的状況そのものによってもたらされるのではないと主張しています。むしろ，利用者自身が，自分のアイデンティティをどのように位置付けた上でインターネット上に参加しているか（集団の一員として自分を位置付けるアイデンティティが活性化しているか，それとも，独立した個人として自分を位置

郵便はがき

料金受取人払郵便

京都北郵便局承認
4124

差出有効期間
平成30年12月
31日まで

切手は不要です。
このままポストへ
お入れ下さい。

6038789

028
京都市北区紫野
十二坊町十二―八

北大路書房
編集部 行

（今後出版してほしい本などのご意見がありましたら，ご記入下さい。）

《愛読者カード》

書　名	

購入日　　年　　月　　日

おところ（〒　　－　　　）

（tel　　－　　－　　）

お名前（フリガナ）

男・女　　歳

おなたのご職業は？　○印をおつけ下さい

(ア)会社員　(イ)公務員　(ウ)教員　(エ)主婦　(オ)学生　(カ)研究者　(キ)その他

お買い上げ書店名　都道府県名（　　　　　）

書店

本書をお知りになったのは？　○印をおつけ下さい

(ア)新聞・雑誌名（　　　　　）　(イ)書店　(ウ)人から聞いて
(エ)献本されて　(オ)図書目録　(カ)DM　(キ)当社HP　(ク)インターネット
(ケ)これから出る本　(コ)書店から紹介　(サ)他の本を読んで　(シ)その他

本書をご購入いただいた理由は？　○印をおつけ下さい

(ア)教材　(イ)研究用　(ウ)テーマに関心　(エ)著者に関心
(オ)タイトルが良かった　(カ)装丁が良かった　(キ)書評を見て
(ク)広告を見て　(ケ)その他

本書についてのご意見（表面もご利用下さい）

このカードは今後の出版の参考にさせていただきます。ご記入いただいたご意見は無記名で新聞・ホームページ上で掲載させていただく場合がございます。
お送りいただいた方には当社の出版案内をお送りいたします。

※ご記入いただいた個人情報は、当社が取り扱う商品のご案内、サービス等のご案内および社内資料の作成のみにご利用させていただきます。

注文・予約書

書店、ネット書店にて、ご注文・ご予約いただけます。
当社へお申し込みも承っております（送料300円が必要です）。
（未刊行）でのご注文の場合、発刊後にお届けいたします。
・頁数・発刊時期など変動がありますこと、予めご了承ください。

シリーズ 心理学と仕事 全20巻
A5判・約160～220頁・予価2000～2600円＋税

注文数	書名	注文数
（予約）冊	11 産業・組織心理学　2017年春刊行予定	（予約）冊
（予約）冊	12 健康心理学　2017年春刊行予定	（予約）冊
（予約）冊	13 スポーツ心理学	（予約）冊
（予約）冊	14 福祉心理学	（予約）冊
（予約）冊　本体2000円＋税	15 障害者心理学　2017年春刊行予定	（予約）冊
（予約）冊	16 司法・犯罪心理学	（予約）冊
（予約）冊	17 環境心理学	（予約）冊
17年春刊行予定	18 交通心理学　2017年春刊行予定	（予約）冊
（予約）冊	19 音響・音楽心理学	（予約）冊
17年夏刊行予定	20 ICT・情報行動心理学　ISBN978-4-7628-2964-2　本体2200円＋税	（予約）冊

取扱書店印

会社 北大路書房　〒603-8303　京都市北区紫野十二坊町12-8
075-431-0361　FAX：075-431-9393　Email：eigyo@kitaohji.com

シリーズ 心理学と仕事
監修 太田信夫

2017年春・刊行スタート！

A5判・約160～220頁・予価2000～2600円＋税

心理学って面白そう！
どんな仕事で活かされている？

国家資格として「公認心理師」が定められ，
心理学と仕事とのつながりに関心が高まる中，
シリーズ[全20巻] 刊行開始!

■シリーズ紹介■

本シリーズ『心理学と仕事』全20巻は，現代の心理学とそれを活かす，あるいは活かす可能性のある仕事との関係について，各領域において検討し考察する内容からなっています。心理学では何が問題とされ，どのように研究され，そこでの知見はどのように仕事に活かされているのか，実際に仕事をされている「現場の声」も交えながら各巻は構成されています。
心理学に興味をもちこれからそちらへ進もうとする高校生，現在勉強中の大学生，心理学の知識を活かした仕事を希望する社会人などすべての人々にとって，本シリーズはきっと役立つと確信します。また進路指導や就職指導をしておられる高校・専門学校・大学などの先生方，心理学教育に携わっておられる先生方，現に心理学関係の仕事にすでについておられる方々にとっても，学問と仕事に関する本書は，座右の書になることを期待しています。また学校ではテキストや参考書として使用していただければ幸いです。

（「監修のことば」より）

1　感覚・知覚心理学
2　神経・生理心理学
3　認知心理学
4　学習心理学
5　発達心理学
6　高齢者心理学
7　教育・学校心理学
8　臨床心理学
9　知能・性格心理学
10　社会心理学
11　産業・組織心理学
12　健康心理学
13　スポーツ心理学
14　福祉心理学
15　障害者心理学
16　司法・犯罪心理学
17　環境心理学
18　交通心理学
19　音響・音楽心理学
20　ICT・情報行動心理学

北大路書房　〒603-8303　京都市北区紫野十二坊町12-8　電話：075-431-0361　FAX：075-431-9393
Email：eigyo@kitaohji.com　http://www.kitaohji.com

シリーズ 心理学と仕事 全20巻

A5判・約160〜220頁・予価 2000〜2600円+税

2017年春・刊行スタート！

心理学を活かした仕事を目指す高校生・大学生・社会人、そして、進路指導や心理学教育に携わる教育関係者に向けて、多彩な心理学ワールドを紹介。実際に働く人々の「現場の声」も交えながら、シリーズ総勢300名以上の執筆陣が、心理学の今を伝える。

シリーズ監修者　太田信夫
筑波大学名誉教授　東京福祉大学教授
教育学博士（名古屋大学）

1 感覚・知覚心理学
行場次朗 編

2 神経・生理心理学
片山順一 編

3 認知心理学
原田悦子 編

4 学習心理学
中條和光 編

13 スポーツ心理学
中込四郎 編

14 福祉心理学
小畑文也 編

9 知能・性格心理学
浮谷秀一 編

10 社会心理学
大坊郁夫 編

5 発達心理学
二宮克美・渡辺弥生 編

6 高齢者心理学
佐藤眞一 編

7 教育・学校心理学
石隈利紀・小野瀬雅人 編

8 臨床心理学
高橋美保・下山晴彦 編

17 環境心理学
羽生和紀 編

18 交通心理学
松浦常夫 編

書名

1 感覚・知覚心理学
2 神経・生理心理学
3 認知心理学
4 学習心理学
5 発達心理学
ISBN978-4-7628-2961-1
6 高齢者心理学
7 教育・学校心理学
8 臨床心理学
9 知能・性格心理学
10 社会心理学

【お名前】（団体名）

【ご住所】〒

【お電話】（

お申し込み
お問い合わせ先

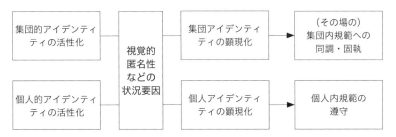

▲図 3-3 脱個人化作用の社会的アイデンティティモデル（SIDE モデル）
(Reicher, Spears, & Postmes, 1995 及び Spears, Lea, & Postmes, 2007 より作成)

付けるアイデンティティが活性化しているか），という点こそが重要で，それによってその後のプロセスは大きく異なる可能性を示しています。

つまり，匿名的なインターネットの世界に対し，どのような認知を形成し，また，どのような自己意識をもって利用するかという点こそが，インターネット上での誹謗中傷や攻撃的言動の発生を左右する重要な要因となっているのだといえます。話題をネットいじめに戻して考えますと，子どもたちそれぞれが，インターネット上の空間をどのような空間として捉えているかということだけでなく，どのように自己のアイデンティティを認識しながらインターネットに接しているかという点が，ネットいじめへの加担の有無に関わっている可能性が考えられます。

(2) 従来型いじめとの関連性

加えて，ネットいじめ加害行動は，従来型のいじめ加害行動と密接に結びついているという知見も示されています。スミスら（Smith et al., 2008）は，従来型いじめの加害および被害経験と，ネットいじめの加害および被害経験の関連性について検討を行いました。その結果，従来型いじめの加害経験とネットいじめの加害経験の間には，深い関連性があることが示されました。すなわち，普段からいじめを行っている者は，ネット上でも同じくいじめを行いやすいことが明らかになったのです。同様の結果は国内の研究からも示されており，ネットいじめの加害経験者のうち 67.1％が，学校や部活でもいじめに参加

していたという結果が得られています（藤・吉田, 2014）。

　こうした結果を踏まえると，ネットいじめとは，インターネットという新しい形態を伴ってはいますが，本質的には，従来型いじめの延長線上にある問題であり，その背景にあるのは，これまでと同じ問題である可能性も十分に考えられます。藤・吉田（2012）によるネットいじめ加害経験者を対象としたウェブ調査の結果からも，この可能性を支持する結果が示されています。すなわち，学業や友人関係，クラス内の立ち位置，これからの進路に対するストレスが，ネットいじめ加害行動の背景にあり，それがインターネット上の匿名性に対する過剰な認知を媒介することで，ネットいじめ加害行動が促進されることが明らかとなっています。

　これらのストレスはいずれも，学校生活の中で多かれ少なかれ誰もが経験する内容でしょうし，さらには従来型のいじめに向かわせる動機とも近いものであろうと考えられます。したがって，子どもたちがネットいじめ加害行動に向かう背景には，近年において新たに生じてきた要因ばかりではなく，本章を読んでおられる大人の方々も経験されてきたような学校生活特有のストレスが介在しているのです。そうした視点から考えるならば，ネットいじめの背景にあるストレスそのものにアプローチしていくという視点もまた，ネットいじめへの介入・対処において重要な役割を果たすと考えられます。

3節　インターネットを介した出会い

　現在では，インターネットを介して，未知か既知かを問わず，様々な相手と接触したり交流したりすることができるようになりました。それ自体は非常に素晴らしいことであるといえますが，その影で，様々なトラブルの被害にあう子どもたちが増えていることも事実です。なぜ，子どもたちはインターネットを介した出会いに惹かれ，求めるのでしょうか。この問いについて，インターネット側の要因と利用者側の要因の2つの側面から考えていきましょう。

1. 会ったこともない相手への好意が高まる過程

　1節では，現代の中学生や高校生において，ネットを介してはじめ

て出会った相手と直接会った経験をもつ者の割合が，一定数にのぼることを示す調査結果について紹介しました。これに伴い，特に青少年保護育成条例違反，児童ポルノ，児童買春などの様々なトラブルや犯罪に巻き込まれるケースも増加傾向にあると報告されています（警察庁，2016）。

しかしここで，被害にあった児童生徒が，なぜ，やり取りした相手と出会おうと思ったのかという点に目を向けてみると，新たな疑問が生じてきます。警察庁（2013）の調査結果をみてみますと，被疑者と出会おうと思った理由として，最も多く挙げられているのは「遊ぶため」であり（2012年上半期で20.0％，下半期で21.1％），「相談に応じてくれる人，優しい人だから」という理由がそれに続いています（2012年上半期で17.7％，下半期で16.4％）。「お金や品物を得るため」という理由も決して少なくはありませんが（2012年上半期で17.1％，下半期で14.9％），これらの結果をみていくと，子どもたちが対面で相手と出会おうと思ったプロセスにおいて，相手のことをかなり好意的に評価していることが推察されます。

ネット上でしか交流したことがなく，姿も見えず息遣いも感じられない相手のことを，そこまで望ましく評価できるのはなぜなのでしょうか。この点を説明する理論として，前節でも紹介したワルサーによる「ハイパー・パーソナル・コミュニケーション（Hyper Personal Communicaton）」理論（Walther, 1996）が挙げられます。この理論では，一般的な考え方とはむしろ逆に，対面場面で展開されるコミュニケーションよりも，インターネット上でなされるコミュニケーションのほうが，より社会的に望ましいものとなり，より深く親密になりやすいことを述べています。さらにインターネットならではの親密化は，次の4つの要因によってもたらされると論じています（図3-4）。

第1には，「受け手側の手がかりの過大視」です。インターネット上のコミュニケーションでは，先述のように，ごくわずかな非言語的・社会的手がかりしか得られません。ですから，伝わってきたわずかな手がかりを過度に重視してしまう傾向にあります。また同時に，集団の一員としてコミュニケーションに参加する場合は，先述のSIDEモデルのように，自分自身を「一緒にコミュニケーションをしているメンバーの一員」と意識する傾向が強まりやすい状態にあります。わず

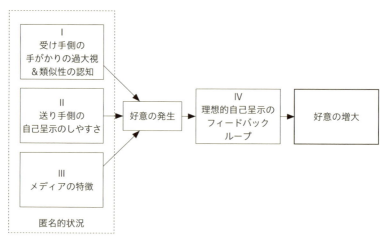

▲図 3-4　ハイパー・パーソナル・コミュニケーション理論（Walther, 1996 より作成）

かな手がかりを過剰に重視する状況下でこのような連帯的・集団的な意識が生まれることで，やがて，自分と相手との共通点となりそうな手がかりを重視するようになるとともに，相手との類似性を強く認識するようになります。その結果，相手への好意も高まりやすくなると論じています。

　また第2には，「送り手側の自己呈示のしやすさ」です。対面場面でコミュニケーションを行う際には，様々な非言語的手がかりや社会的手がかりが伴いますから，下手な自己アピールや誇張はすぐに見抜かれてしまいます。言い換えれば，そのような手がかりを常にコントロールしながら，相手とのコミュニケーションを成立させなければならないのが対面コミュニケーションのたいへんさであるわけです。しかし，非言語的・社会的な手がかりが伴わないインターネット上では，そうした部分をコントロールすることについて注意を割くことなく，自分の好きなように自分のことをアピールできる，つまり効果的に自己呈示を行うことが可能になります。それゆえに，メッセージの送り手は，相手からの好意的な印象をうまく引き出しやすくなると述べています。

　そして第3の要因は，「メディアの特徴」そのものにあると論じています。対面場面では，リアルタイムにコミュニケーションが進行し

ますから，その場ですぐに自分の考えをまとめ，適切な言葉を選んで表現しなければなりません。時には他者の発言に邪魔されることもあり，意外と思い通りに話せないということが多々あるものです。しかし，特にメールのような非同期的なコミュニケーションであれば，同時進行する他者の発言に邪魔されることなく，自分の言いたいことをまとめるのに十分な時間をかけることもできます。また，その場その場で迅速に回答や返答をしなくてはならないというプレッシャーもありませんから，自分が伝えたいメッセージをじっくり編集してから発信するという作業により集中しやすいといえます。こうした特徴もやはり，相手からの好意を高めるための一因となります。

　最後の第4の要因は，「フィードバック・ループ」とよばれるものです。これまでにみてきた要因によって，互いに対する好意が高まりやすくなるわけですが，その好意は，自分が発信するコミュニケーションの内容にも影響し，よりポジティブな自己呈示を生み出していきます。すると，そのコミュニケーションの受け手もまた相手への好意を強め，同じくポジティブな自己呈示を行うようになるでしょう。このように相互にポジティブな自己呈示を行い，それによってさらにお互いの好意が高まり，またさらにポジティブな自己呈示へとつながっていく…という上方向的なスパイラルが生まれると議論しています。こうしたプロセスにより，対面場面よりもむしろお互いの好意が増大しやすくなると論じています。

　したがって，このハイパー・パーソナル・コミュニケーション理論に基づいて最初の質問に回答するとすれば，「インターネット上でしか交流したことがなく，姿も見えず息遣いも感じられない相手だからこそ，望ましく評価できる」ということになるのです。実際に，相手の顔写真を表示させず，姿も見えない状況でコミュニケーションをした場合のほうが，相手を好意的に認知していたという実験結果も示されています（Walther et al., 2001）。

2. インターネットを介した出会いを求める心理的背景

　また近年では，インターネットを介して異性との出会いを求める女性たちが，どのような意識を抱いているかについて検討した研究もみられます。橋元ら（2015）では，女性たちを対象としたネット上で

のグループインタビューと大規模なウェブ調査を行い，出会いを求める背景にある要因を探っています。この調査からは，調査対象者である女性の48.7%がネット上で異性と知り合った経験があること，そして23.4%が実際に異性と出会った経験があることが示されています。また，実際に出会った異性の平均人数は5.3名にのぼることや，知り合ったきっかけとなっているのはTwitterやLINE，mixiなど，ごく一般的なソーシャルメディアであったことも明らかにされています。1節で論じたように，インターネットを介した出会いが，より身近な場へと移行しつつあることや，気軽に行われるようになったことなどがうかがわれる結果です。

さらにこの研究では，インターネット上で見知らぬ相手とやり取りをした理由についても尋ねています。その結果，最も多く挙げられていた理由は，「共通の趣味や嗜好をもっていることがわかったから(71.6%)」でした。これは，前項で示したハイパー・パーソナル・コミュニケーション理論における第1の要因と合致する結果であるといえるでしょう。しかし，そうしたやり取りを求める心理的背景をさらに紐解いていくと，意外な事実がみえてきます。「現在，インターネット上で見知らぬ相手とやり取りしている」と回答した人々，および「やり取りしたことはないが，今後してみたい」と回答した人々は，「やり取りしたこともなく，今後もするつもりはない」と回答した人々よりも，現実生活における孤独感や対人的疎外感，抑うつ，承認欲求が高く，その一方で自尊感情が低いという結果が示されたのです（橋元ら，2015）。つまり，現実の人間関係において孤独感や疎外感を感じながらも，それとは裏腹に「自分を認めてほしい」という思いを強くもつ人ほど，インターネットを介した出会いを通してその気持ちを満たそうとしている可能性が推察されます。

同様の結果は，他の研究からも示されています。西村ら(2014)では，高校生および大学生の男女800名に対してウェブ調査を行い，出会いを求める心理的背景について分析しました。この調査では，インターネットで見知らぬ人とコミュニケーションをまったくしていない人々（接触なし群345名），インターネットで知り合った人とコミュニケーションをしているが，実際に会ったことはない人々（コミュニケーション群306名），そして，インターネットで知り合った人と実

際に会ったことがある人々（出会い群149名）の3群に分けて分析を行っていますが，三者の間で大きな違いがみられています。それは，「対人ストレス磨耗」「希望」「見捨てられ不安」「親密性の回避」という変数においてでした（図3-5）。つまり，インターネットを介した出会いを経験したことのある人々は，将来に対する希望をもつことができず，かつ，日々の対人関係の中で，消耗感や摩耗感を強く感じている傾向が強いことがわかりました。また，「人から，いつか自分は見捨てられてしまうのではないか」という不安も高く，その一方で親密な相手と距離をおこうとしていないことも示されました。肯定的な将来像が描けず，現在の自分を取り巻く人間関係に疲労しきっていながらも，周囲から見捨てられることを恐れ，結局は周囲との関係を断ち切れずにいるというアンビバレントな状態の中で，インターネット

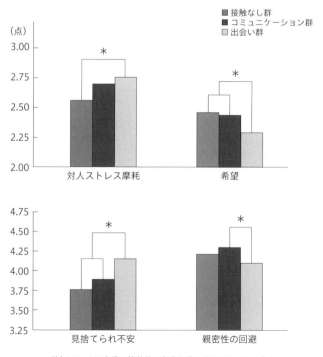

▲図3-5 インターネットを介した出会いの経験と心理的変数との関連
（西村・村上・藤，2014より作成）

上で出会った相手は，そうした現状から脱却させてくれる「希望」として映るのかもしれません。そしてそれゆえに，対面での接触や交流を強く求めるようになるのではないかと考えられます。

4節　ネットトラブルに対してどのように対処していくべきか

　ここまで，現在の子どもたちを取り巻くインターネット上のトラブルについてみてきました。それらのトラブルはいずれも，第1にはインターネットがもつ匿名性，および，そこから派生する様々な認知によって複雑化するとともに，第2には利用者それぞれが元来より抱えてきた心理的問題によって極端化していくという面をあわせもつことがうかがわれます。このことを踏まえながら，それぞれのトラブルに対する対処法を考えていく必要があります。

1．ネットいじめ被害者への対処

　ネットいじめの被害者への対処を考える上で重要なのは，被害者本人を苦しめる「二重の抑制」です。つまり，様々なネガティブな感情を抱えたまま，周囲への相談行動を自ら抑制しつつ，ひとりきりでそうした感情をさらに抑制しなくてはならないという状況に陥りやすいことに留意する必要があるといえます。

　したがって，被害が長期化せず，少しでも早くに相談行動がなされやすくなるように，普段から相談先をわかりやすく周知すること，そして相談することによってどのような効果が期待できるかについて明確化することも重要となるでしょう。ただでさえ抑制されやすい相談行動が，それ以上抑制されないような雰囲気づくりや窓口整備をすることが必要となると考えられます。

　そして，本人からの相談行動が抑制される背景には，ネットいじめ被害を深刻な脅威として捉えるがゆえに，対処への無力感が生じていることを踏まえれば，普段の教育場面の中で，被害時の対処法をあらかじめ教育していくことが有効であるかもしれません。例えば，児童や生徒に対し，いじめ予防教育や情報教育を重ねるだけでなく，ネットいじめ被害時に取るべき対処マニュアルを具体化・明確化し，その

内容について詳細に説明していくことが有効であろうと予測されます。すなわち，もしネットいじめの標的にされたとしても，すぐにプロバイダや相談機関などに通報すれば，加害者を特定でき（孤立性の低減），いじめ行為を即座に止めさせ（不可避性の低減），不特定多数への波及を防ぎ得る（波及性の低減）ことをあらかじめ理解できていれば，被害時にもその脅威を過大視することなく，また無力感に陥ることなく対処できると考えられます。その意味では，ネットいじめに関する被害事例や深刻なケースを説明するのみならず，適切な対処によって解決にいたった事例などをあわせて紹介していくことも有効かもしれません。

また，ネットいじめ被害者にとっての脅威は，被害を受けたという事実のみならず，「被害を受けたことが，何を意味するのか」という点にもあることを留意する必要があります。ですから，被害時において情報通信機器を子どもたちから取り上げ，接触を遮断するという対処だけでは不十分であろうと考えられます。そのように被害状況から遠ざかったとしても，その被害が何を意味し，どのように続いていくのか，どこまで波及するのかという点に関する脅威はそのまま残されてしまうからです。実際，ネットいじめ被害時において，「ネットや携帯機器を見ないようにした」「自分のプロフ・ブログ・掲示板を閉鎖した」「番号やアドレスを変更した」という遮断的な対処は，被害者本人にとって有効でなかったと評価されているのみならず，短期的にも長期的にもネガティブな影響をもたらすことが示されています（藤・遠藤，2016）。したがって，ネットいじめ被害からどのような脅威を感じているかを見抜いた上で，迅速に，かつ周囲のサポートとともに心理面へのケアを行っていくことが肝要であるといえます。

2．ネットいじめ加害者への対処

ネットいじめ加害行動を未然に防ぐためには，やはり，インターネットに関する正確な知識を提供する機会としての情報教育の徹底が1番に挙げられるでしょう。つまり，インターネットの匿名性に対する過度の認知が，ネットいじめ加害行動の背景にあるわけですから，そうした誤解を断ち切る必要があるといえます。決して「何をしてもばれない」わけではなく，むしろすぐに発言者が特定され，通報され

てしまう可能性があることを普段から十分に理解させることが重要となります。またその意味では，前項で説明したような被害時の対処プロセスおよび解決プロセスに関する教育も，ネットいじめ加害行動の抑制に対して有効であろうと考えられます。つまり，「自分がネットいじめを行ったとしても，このようなプロセスによってすぐに対処され，解決されていく」という可能性を（潜在的な）加害者が知ることにより，ネットいじめ加害行動の無益さに自分で気づき，加害行動の抑制にもつながることが期待されます。

そして，インターネットに関わる際の意識のあり方として，「みんながやっているから」「周囲に合わせて」「周りが気にしていないから，自分も」というような，集団的アイデンティティに基づく意識のあり方を変容させていくことも必要になるかもしれません。そうではなく，「自分自身は，何がしたいのか」「自分としては，何をしてはいけないと思うのか」という個人的なポリシーや規範の問題として，インターネットの使い方を考えていくことも重要となるでしょう。

ただその一方で見落としてはならないのは，加害者もまた何らかのストレスや心理的問題を抱えているという点です。いじめの加害者は生まれつきいじめの加害者だったわけではなく，いじめとはいわば，いじめ加害者の心の症状であり，原因ではない（加納，2016）という視点をもつことも重要です。ですから単純にネットいじめ加害行動を抑制するだけでなく，ネットいじめ加害者が抱えるストレスや問題そのものにアプローチしていく姿勢や，それらのストレスを自身の力で適切に解消することのできるコーピング方略やマネジメント方略などについて教育していく姿勢をもつこともまた，必要であろうと考えられます。ただそれでも，いじめという手段を取った事実は，被害者にとっても加害者にとっても大きな苦痛であり，取り返しのつかない過ちであることには変わりません。ですから，ネットいじめ加害者の取った「手段」や，その手段を正当化しようとする「論理」に寄り添うのではなく，ネットいじめという手段を選ぶことしかできなかった「背景の問題」に寄り添い，解決に努めていくことが重要なのです。

3. ネットを介した出会いへの対処

インターネットを介して見知らぬ他者と出会い，トラブルに巻き込

まれていくプロセスにおいて，当事者たちは，むしろその相手のことをポジティブに捉えており，時にはインターネットの特性ゆえに，過剰に理想化して捉えている場合があることに留意する必要があるでしょう。すなわち，「この人ならば危険ではない，むしろ良い人だ」と認知しているからこそ，対面でも会ってみようという選択にいたっている可能性を踏まえなくてはなりません。

　こうした状況に対処するには，第三者の視点を交えることが重要です。つまり本人がどのようにインターネットを用い，インターネット上でどのような相手とどのようなやり取りをしているかについて，例えば家庭の中で普段から話題にすることが重要となるでしょう。実際，子どものインターネット利用に関して，子ども自身が家族の視点を意識することが，インターネットにまつわるトラブルを予防することにつながるという知見もあります（例えば，内海，2010）。このように家族などの第三者の視点による判断も交えることで，コミュニケーション相手への過剰な理想化を防ぎ，「本当に会ってよい相手なのかどうか」という点を子ども自身が冷静に見極めることができると考えられます（そして，そうした見極めを経てもなお会うべき相手であると判断できたならば，対面で出会うことにも意味があるのかもしれません）。

　加えて重要なのは，ネットいじめ加害者への対処と同様，そうした出会いを求める心理的背景への理解です。現実生活における対人関係において十分な承認が得られず，孤独感や摩耗感を抱えながらも人との距離の取り方がわからず，なおかつ将来への希望も抱けない中で，インターネットの向こうの相手だけが，そうした苦悩を共有できる関係性として機能しているのかもしれません。しかもその相手は，先述のように過剰に理想化されやすいわけですから，なおさらです。したがって，単純にインターネットを介した関係形成を否定するのではなく，インターネット上で知り合った相手だけではなく，現実の周囲の相手とも十分に関係を構築することができるという効力感を高め，そして今抱えている孤独感がいつかは解消され得るという希望を形成する方向性での支援が必要であろうと考えられます。ひいては，確かな対人関係を形成・維持していくためのソーシャルスキルについて教育していくことも，インターネットを介した出会いに起因するトラブル

を未然に防ぐことにもつながるでしょう。

　いずれのトラブルも「インターネット上のトラブル」ではありますが，むしろ「利用者側の心のトラブル」を反映したものでもあるといえます。インターネットを用いれば，ほぼどのようなことでも実現できる時代となった現代にこそ，「インターネットに対して自分は何を求めているのか」「インターネット上で自分は何をしたいのか」「インターネット上で自分は何をすべきなのか」，そして「インターネット上であっても，自分は何をしてはならないのか」という点に向き合い，ディスプレイに映される自分の心の姿をみつめていくことが，何よりも必要なのではないでしょうか。

ICT と職場内外のコミュニケーション

　多くの人にとって，パソコンや携帯電話，スマートフォンなどによる電子メール（以下，メール）は，日常生活だけでなく，仕事を進める上でも必要不可欠の存在となっています。働く時間だけでなく働く場所でさえも多様化が進む現代では，メールでのコミュニケーションはとても便利です。毎日の仕事に深く入り込んでおり，使わない日はないともいえるメール。しかし，メールを書く手がうまく動かないときもあります。例えば，職場外の研修などで新たな方とお知り合いになった翌日。せっかく名刺も交換したし，何かご挨拶ができればとメールを打ち始めるも，「この表現でいいかな，いやまてよ……」と書いたり消したりしているうちに思わぬ時間がたっていたり。

　コミュニケーションでは「何を伝えるか」だけでなく，「どのように伝えるか」も重要です。対面でコミュニケーションをとる場合，私たちは話す内容，すなわち言語的情報だけでなく，表情やしぐさ，声の抑揚，会話の間，視線や姿勢といった非言語的情報も受け取ります。そして，それら多様な情報をまとめ，話し手の「本当の気持ち」を探ったり，こちらからも言語的情報と非言語的情報を使って自分の気持ちを伝えようとしています。特に他者と関係を構築していったり，良好な関係を維持していく際には，非言語的情報は重要な役割を果たします。ICT の発達した現代でも，季節の挨拶など対面でのコミュニケーションをもつ機会を設けることが仕事の場面で重視されている理由の 1 つがここにあるといえるでしょう。しかしメールは基本的には表情やしぐさといった非言語的情報は使えず，言語的情報に頼らざるをえません。知り合ったばかりの相手だったり，普段なかなか対面でコミュニケーションが取りづらい，しかし関係をもっと良くしたいと思っている相手に対して送るメールほど，単なる用件伝達にならないようなメールを書きたいという気持ちが募り，パソコンの前で悩む時間が増えてしまう，といったこともあるかもしれません。

　こういった言葉にしづらい，相手に対する「仲良くなりたい」という気持ちをメールを通して伝える際，非言語的情報を補完する工夫として顔文字や絵文字などを使う人もいます。2000 年代頃から心理学でも顔文字や絵文字がついたメールに対する研究が進んでおり，大学生を対象にしたものが多いものの，顔文字や絵文字をメールに付加することでメールの受け手はメールの送り手に対して親しみやすさや友好的な印象をもつと報告されています（北村・佐藤，2009；田口，2014；竹原・佐藤，2003）。一方，顔文字や絵文字を使用することが相応しくないと見なされる場面もあ

るようで，フォーマルな文章に顔文字を付与すると不真面目，不誠実だという印象を与えてしまうとも報告されています（田口，2014；竹原・佐藤，2003）。さらにメールを送る側が男性か女性かといった性別の違いや，受け手が顔文字つきメールを日頃からどれくらい受信しているかといった違いも顔文字つきメールへの印象へ異なった影響を与えるようです（荒川ら，2006；加藤ら，2007）。これらを踏まえると，関係がこれからという人に対して，顔文字つきのメッセージを送ると，親しみを感じてもらえる可能性がある反面，自分の意図とは異なる解釈をされてしまう恐れもありそうです。

　そこで，言語的情報だけでも相手への親しみやすさや友好的な印象を与える方法として，ユーモアをメールに取り込むことを考えてみてはいかがでしょうか。「仕事でユーモア？」と思われる方もいらっしゃるかもしれませんが，海外では経営コンサルタントならぬユーモアコンサルタントが活躍するほど，仕事場面にユーモアを活かすことが真面目に考えられています。日本の職場で交わされるユーモアの効果について行われた研究では，通勤や帰宅時に起こった出来事をネタにしたり，自身の失敗をネタにするなど，自らの見聞きした出来事や体験を共有することで，その中に含まれる面白さやおかしさを味わおうとするような，「体験共有的ユーモア」は，楽しい，愉快といったポジティブな感情を喚起させ，職場のコミュニケーションを活発化させることが報告されています（丸山・藤，2016）。顧客や取引先の会社を訪問した帰り道に遭遇した出来事だけでなく，もしも仕事で失敗をしてしまったとしても，（失敗をカバーした後の話になると思いますが）その失敗も見方を変えれば笑いのネタになるかもしれません。通常のメールに自らの体験をネタにしたユーモアを織り込むことで，これから関係を構築しようとする受け手との心理的距離がぐっと近づき，新たなビジネスチャンスが到来するかも？「この出来事をどうすれば面白くできるのか」といった新たな悩みで，メールを書く手が止まってしまうかもしれませんが。

SNSを介したゆるいつながりとその効果

現場の声 5

　世の中のビジネスマンにとって，精神的に健やかに働くことは，仕事で自分のもっている力を十分に発揮するためにも大切なことです。しかし，時に強いストレスを受けて心身の不調となり，メンタルクリニックなどで一定の期間会社を休んで（休職して）療養が必要との診断を受けるケースがあります。大規模な調査では，こうした精神的不調による1か月以上の欠勤・休職者のいる企業は252社中63.5%（労務行政研究所，2010），また過去3年間において1人以上の休職者がいる企業の割合は5904社の回答のうち52.0%（労働政策研究・研修機構，2013）というデータもあり，これは見すごすことができない割合と思われます。

　このような状況を受けて，うつ病などの精神的な不調による休職者が，再び働けるようなウォーミングアップを支援する「リワーク（Re-Work）施設」が増えています。私も，そのリワーク支援に携わる者の1人として，日々試行錯誤しながら支援活動をしています。リワーク支援では崩れてしまった生活リズムを取り戻したり，落ちてしまった体力や集中力を向上させたり，自分が感じやすいストレスの傾向を知って対処法を考えることなどをサポートします。

　実際は，休職しているビジネスマンが精神的不調にいたる要因は様々なものがあるため，個人の状況に即した支援が必要になります。しかし，その要因の中でも共通して多く耳にするのは，自分を取り巻く周りの人たちからの協力や援助が薄くなってしまうことです。特に，職場の上司や同僚，家族や友人などの支えは安心して生活をするための大切な心の支えになりますし，こういったサポートが減少したりなくなったりして孤独な状態になれば，精神的健康に大きな影響を与えます。

　では，この自分を取り巻く人たちの中で，現在多くの人が利用しているFacebookやTwitter，LINEなどに代表されるソーシャル・ネットワーキング・サービス（以下，SNS）での人との関わりは，精神的な健康にどういった影響を及ぼしているのでしょうか。この疑問において，私が検討していることを少し紹介します。

　現在SNSは多くの人たちが利用しており，情報発信の場であると同時に，旧友との再会の場，共通の趣味を通した新たな出会いの場，離れて暮らすようになった人との交流の場などにもなっており，個人の目的に応じて利用できる，手軽なコミュニケーション手段になっています。一方，そのSNSでつながりをもつ相手にはどのような人たちがいるでしょうか。現在の職場の同僚，学校やサークルの仲間，家族など普段顔を合わせている

ような人たちもいるでしょうが，今はほとんど会わなくなった旧友，前に勤めていた職場の同僚，引越しや転勤で今は遠くで生活する人など，めったに会わないような人たちも多く存在するかと思います。

　協力してくれる人，助けになってくれる人といえば，まず前者のような身近な人たちが思い浮かぶかもしれません。しかし，後者のような人たち，つまり実際に会う頻度は少なく，ゆるやかなつながりの相手との交流に着目してその効果を検討したものに，「弱い紐帯（ちゅうたい）の強さ」の理論があります。これを提唱しましたグラノヴェッター（Granovetter, 1973）は，仕事を転職する時の有益な情報は，生活環境が同じで普段からよく接触している相手よりも，たまにしか会うことにない，やや縁遠い知人から得られることを主張しました。つまり，頻繁に会わない相手なので，普段は聞くことのないような新しい情報が入ってきやすいということです。

　その後の研究でも，弱い紐帯の効果は，転職の時の有効性ばかりでなく，新しいアイデアの構想や生活への希望をもつことにも影響を与えることが示されてきました（例えば Seibert et al., 2001；玄田, 2007; Baer, 2010）。特に最近では，弱い紐帯と接触することで，自分のこれまでの仕事ぶりやキャリアを肯定的に捉え直すことにつながり，職務に対する自己効力感や仕事への熱意・没頭・活力を高める可能性もあることがわかりました（永野・藤, 2016a）。これらの効果も，普段は会わないからこそ，相手の生活や考え方が新鮮に，驚きとして聞こえる効果なのだと思われます。

　また，これらの効果を踏まえながら，ビジネスマンを対象に実施した調査（永野・藤, 2016b）では，Facebook の利用において，自身の近況などを「投稿する」アクションの頻度が高いほど，自分の仕事上のストレスに対する考え方がよりポジティブになり，精神的な健康を向上させる働きがあることが示されました。これは，自分の発信したことに対して，「いいね！ボタン」に代表されるような周りからのポジティブな反応や，これまでの自分にはなかった新しい視点からのコメントが得られやすいこと，そしてそのことが自分の現状の姿を肯定できるきっかけになっている可能性が考えられます。しかし，「閲覧する」アクションの頻度が高い場合，精神的健康を低くするという逆の影響も示されました。自分とは異なる環境で暮らす他者の生活ぶりや活躍ぶりを，現在の自分の姿と比較してしまい，自分にプレッシャーを与えてしまったりするゆえであろうとも考えられます。

　以上のようなことより，「弱い紐帯の強さ」の観点から考えると，SNSでの交流にも，利用のされ方によって人々の精神的健康を促す効果の可能性が考えられます。こうしたゆるやかなつながりがもつ意味について，さらなる研究と実践を積み重ねながら，人と人とのサポート関係の新しいあり方を検討する必要があります。

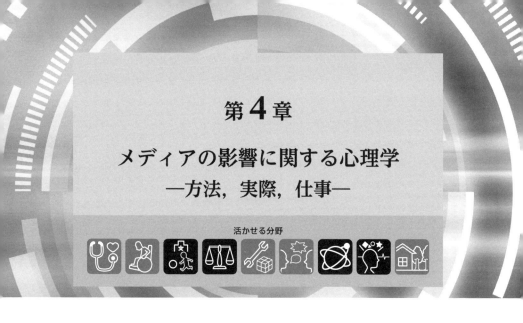

第4章
メディアの影響に関する心理学
―方法,実際,仕事―

　古くは,新聞,雑誌,図書が主要なメディアでした。私たちは,こうした文字メディアから楽しみや情報を得ていました。映画という動画メディアが登場し,その後,テレビ,ゲーム,インターネット,ケータイ,スマートフォンと,メディアは一方的に拡大しました。それらは,私たちに次々に新しい楽しみを与え,私たちをのめり込ませてきました。

　そうしたメディアの普及に伴って,メディアの使用が私たちにどのような影響を与えるかに興味がもたれてきました。特に子どもに対する悪影響が懸念されました。

　心理学は,メディア使用が人間の心理的側面にどのような影響を与えるかという問題を盛んに研究してきました。

　本章では,そうしたメディア影響の心理学に関する方法論について述べた後,筆者の研究室で行ってきたいくつかの研究例を示します。そして,このような研究分野がどのような仕事に結びつきうるかを論じます。

1節　メディア影響研究の方法

　メディアの影響がどうであるかは,規制や政策に直結します。悪影

響があるのであれば，それを避けるためにメディア規制をしなくてはならないという考え方が生じ得ます。しかし一方で，メディア使用の自由を守るべきという考え方もあり，規制は安易には進められません。メディアの影響が本当にどうであるかについては，正確な知見がとりわけ求められ，メディアの影響研究においては，その影響を検出する方法に細心の注意が払わなければならないことになります。また，メディアの影響問題は，社会から注目を浴びているため，研究知見がすぐに社会に伝えられ，影響力をもち得るものとなります。このとき，適切でない方法やその理解によって出された知見であったとしても，社会はそれを鵜呑みにするかもしれません。

こうした事情から，メディアの影響研究においては，その研究方法に対する理解が特段重要になります。そこで，ここではまず研究方法について解説します。以下，調査研究，パネル研究，実験研究，メタ分析の順に述べます。

なお，解説にあたっては，テレビゲーム使用が攻撃性に及ぼす影響の例を挙げていきます。テレビゲームの中には，暴力シーンを含むものがあり，それがユーザーの攻撃性を高めるのではないかということが懸念されてきました。

1. 調査研究とは何か？

研究方法の1つ目は調査研究です。これは，アンケート調査で行う場合がほとんどですが，例えば，アンケートにおいて一方でメディアの使用量がどうであるかを聞いて，もう一方で影響を与えられるような側面（例えば，攻撃性）に関する性格テストに回答してもらうなどして，メディアによく接触している人ほど攻撃的かどうかを確認します。実際に，非常に多くの調査研究が行われています。なお，研究者はふつうアンケートという言葉は使わず，質問紙という言葉を使ってきました。しかしながら，最近では，紙を使わないウェブ調査が普及しており，質問紙という言葉がそぐわなくなってきました。

調査研究には大きな問題があります。それは，調査研究では，相関関係はわかっても，因果関係はわからないということです。因果関係とは，「テレビゲームで遊んでいると攻撃的になる」というように，一方が原因で，もう一方が結果である関係です。この例では，「テレ

ビゲーム遊び」が原因となる変数であり，「攻撃性」が結果となる変数である。これに対し，相関関係とは，「テレビゲームで遊んでいる人ほど攻撃的である」というように，2つの変数が共変化する関係のことです。この場合，「テレビゲーム遊び」と「攻撃性」は，連動しているだけであり，どちらが原因変数であり，どちらが結果変数であるかは，はっきりしておらず，これは，因果関係と異なっています。

　メディアの悪影響を明らかにするとは，もちろん，メディアが原因となって，攻撃性，社会性，学力などの人間の性質が結果となるという因果関係を明らかにすることですが，調査研究でわかるのは，基本的に相関関係だけであり，因果関係ではありません。「テレビゲームで遊んでいる人ほど攻撃的である」ことはわかっても，「テレビゲームで遊ぶと攻撃的になる」ことはわかりません。

　これは，相関関係があっても，複数の因果関係が想定されるからです。調査の結果，「テレビゲームで遊んでいる人ほど攻撃的である」という相関関係がわかっても，このとき，因果関係として次の3つのものが想定できます。まず1つ目は，「テレビゲームで遊んでいると攻撃的になる」という因果関係であり，テレビゲーム遊びが原因で，攻撃性が結果であるという場合です。こうした場合には，確かに「テレビゲームで遊んでいる人ほど攻撃的である」という相関関係も成立します。

　しかし，2つ目として逆方向の因果関係があることも考えられます。「もともと攻撃的な人がテレビゲームで遊ぶようになる」，すなわち，攻撃性が原因でテレビゲーム遊びが結果になるということです。この場合にも「テレビゲームで遊んでいる人ほど攻撃的である」という相関関係は成立します。逆からいうと「テレビゲームで遊んでいる人ほど攻撃的である」という相関関係がわかったからといって，どちらの因果関係が正しいかは判別できないので，結局，テレビゲーム遊びが悪影響を与えているかどうかは結論できないことになります。

　さらに，3つ目として，テレビゲーム遊びと攻撃性以外の変数，例えば性別を原因として，テレビゲーム遊びと攻撃性の双方をそれぞれ結果とする因果関係がある場合も考えられます。一般に，男性のほうが女性よりもテレビゲームでよく遊びます。これは，男性に生まれることは，その人をテレビゲームでよく遊ばせることを意味します。一

方，男性のほうが女性よりも攻撃性が高く，男性に生まれることは，攻撃性も高めると考えられます。こうした2つの因果関係があるとき，テレビゲーム遊びと攻撃性の間に何ら直接的な因果関係がなかったとしても，「テレビゲームで遊んでいる人ほど攻撃的である」という相関関係が生じます。なお，こうして形成される相関関係を疑似相関とよんでおり，また，この場合の性別のように疑似相関を生み出す変数を，テレビゲーム遊びと攻撃性のようにもともと関心の対象となっている2つの変数に続く3番目の変数ということから第3変数とよんでいます。

　調査研究では，こうした複数の因果関係のどれが正しいかが判別できず，特定の因果関係を検出することはできません。なお，調査研究は，基本的に相関関係を明らかにするための方法であり，そのため，相関研究ともよばれています。

2．パネル研究とは何か？

　このように，調査研究によって「テレビゲームで遊んでいる人ほど攻撃的である」という相関関係がわかっても，直ちに「テレビゲームで遊んでいると攻撃的になる」という因果関係は結論できないことになります。メディアの悪影響について検討するには，どうしても因果関係を検討できる方法を用いなければなりません。

　パネル研究はその1つの手法といえます。これは，同じ調査研究を，同じ対象に対してもう1回以上行うものであり，縦断研究あるいはフォローアップ研究ともよばれます。この方法で得られたデータについては，一定の統計分析を行えば，相関関係にある2つの変数のうち，どちらが先にあるかが，ある程度は特定できます。すなわち，テレビゲーム遊びが先にあるのか，攻撃性が先にあるのかがわかることになります。

　例えば，子どもたちがどれくらいの時間テレビゲームで遊んでいるかと，どれだけ攻撃性が高いかについて，1年の間隔をおいて2回にわたる調査を行ったとします（2波のパネル研究といいます）。テレビゲーム遊びが攻撃性に及ぼす影響を検討するときに注目するのは，1回目のテレビゲーム遊びと，2回目の攻撃性の間における相関関係です。

　先述したように，もし，ここに相関関係があったとしても，(a) 1

回目のテレビゲーム遊びが2回目の攻撃性に影響する，(b) 2回目の攻撃性が1回目のテレビゲーム遊びに影響する，(c) 第3変数が1回目のテレビゲーム遊びと2回目の攻撃性の両方に影響する，という3つの因果関係のパタンがあり，(a) のようなテレビゲーム遊びの悪影響は直ちに結論できません。しかし，この場合は，(b) は成立しません。なぜなら，時間的に後にあるものは，前にあるものの原因になるとは考えられないからです。実際に，(b) では，時間的に後にある2回目の攻撃性が，前にある1回目のテレビゲーム遊びの原因となっています。このように逆方向の因果関係の可能性を排除できるのは，時間のズレがある調査を行っているからであり，ここにパネル研究の最大の意味があります。

　ただし，(c) の可能性は排除されません。しかし，一般的に第3変数を調べていれば，その影響によって発生する疑似相関は，一定の統計分析によって排除できます。例えば，被調査者の性別がわかっていれば，それで形成されている疑似相関の部分を計算し，それを除いても，1回目のテレビゲーム遊びと2回目の攻撃性の相関関係が残るかどうかを検討できます。それが残っていれば，(b) は排除されているし，(a) の因果関係が存在しているという確信度は高くなります。

　もちろん，第3変数は無限にあり，それをすべて調べることはできません。それゆえ，完全に (a) の因果関係の存在を確認できることはありませんが，重要と考えられる第3変数を見落とさず，その影響を排除することによって，ある程度は (a) の因果関係の特定が可能になります。なお，パネル研究である限りは，1回目の攻撃性を調べているはずですが，これは重要な第3変数であり，その影響は必ず排除する必要があります。

　以上は，テレビゲーム遊びが攻撃性に及ぼす影響に関するものでしたが，1回目の攻撃性と2回目のテレビゲーム遊びの相関関係に注目すれば，同様に，攻撃性がテレビゲーム遊びに及ぼす影響について検討できます。パネル研究では，こうした検討によって，テレビゲーム遊びと攻撃性のどちらが先にあるかをある程度は知ることができます。

　また，もし，テレビゲーム遊びが攻撃性を高める影響が検出され，同時に，攻撃性がテレビゲーム遊びを促す影響が検出されたのであれば，テレビゲーム遊びと攻撃性は相乗的に影響していることが示唆さ

れることになります。パネル研究は，こうした相乗的な影響も見出すものともいえます。

3. 実験室実験とは何か？

パネル研究の他にも，因果関係を検出できる研究方法として，実験室実験があります。これは，文字通り「実験室で行う実験」ですが，実験参加者を実験室に呼んだ上で，何かしら作業をしてもらい，データを収集することになります。

実際には，まず実験に協力してもらう実験参加者を無作為に複数のグループに分けます。あるグループの実験参加者には，例えば，暴力シーンを含むテレビゲーム（研究者の間では，暴力的テレビゲームという用語が使われています）で遊んでもらいます。他のグループの実験参加者には，同じ時間，当たり障りのない映像を見てもらいます。その後にどれだけ攻撃的であるか，例えば，他人に対して雑音を聞かせるような状況に身をおいてもらい，どれだけ雑音を聞かせようとするかなどのことを調べます。テレビゲームで遊んだ実験参加者のほうが，映像を見た実験参加者よりも，攻撃的な行動をより多くとろうとするかどうかを観察して，もしそうであれば，テレビゲームで遊ぶことは，実験参加者の攻撃性を強めた，すなわち，テレビゲームには悪影響があったと考えます。

実験で重要なのは，テレビゲームで遊んだグループと，映像を見たグループにおいて，テレビゲームで遊んだか，映像を見たかということ以外の要素が，できるだけ同質であることです。例えば，実験の環境です。実験は，同じ実験室で，同じ実験者によって行われるべきです。また，それぞれのグループに実験参加者が無作為に分けられていますが，これも，グループ間の実験参加者の同質性を高めるためです。無作為に分けるのであれば，もともと攻撃的な実験参加者がどちらかのグループにばかりに偏って割り当てられることは起こらなくなります。少なくとも，ある程度の実験参加者の数があるのであれば，それぞれのグループにおける元来の平均的な攻撃性は似通ってきます。

このように，影響を与えるかどうかを検討している変数（この場合は，テレビゲームで遊ぶか映像を見るか）に関する条件だけをグ

ループ間で変えることを条件操作とよび，それに加えて，その他の条件を同質にすることを条件統制とよんでいます。こうした条件操作や条件統制を行っているからこそ，グループ間で攻撃性に違いがあったときに，その理由をテレビゲームで遊んだか映像を見たかの違いに帰着できる，すなわち，テレビゲーム遊びが攻撃性に影響するという因果関係がはっきり特定できることになります。なお，この場合のテレビゲーム遊びのように条件操作によって影響を与えるかどうかを検討する変数を独立変数とよび，攻撃性のように影響を受ける変数を従属変数とよんでいます。また，テレビゲームで遊んだグループのように，研究が注目している事象の条件が割り当てられるグループを実験群とよび，映像を見たグループのように，実験群と比較するために設けられるグループを統制群ないし対照群とよびます。

以上のように，実験室実験は，因果関係の特定に強みがありますが，あくまで実験参加者に実験室に来てもらっているので，実験参加者には，実験されていることが最初からわかっており，その点で，実験室で得られた結果が日常的な生活でそのまま適用できるものなのか疑わしい面があるという問題があります。また，実験参加者を長時間拘束することはできないので，通常，短期的な影響しか明らかにできないことも欠点です。

一方，パネル研究は調査研究をベースとしているので，日常場面での影響をみることができますし，長期的な影響を検討することも可能です。しかし，パネル研究は，因果関係の特定はある程度可能ですが，完全ではありません。さらに，複数回の調査を行っているうちに対象者が減ってきますが，それによって対象者の特質に偏りが生じて，得られる結果の一般性が低下してしまうことなども問題となります。

このように，パネル研究と実験室実験にはそれぞれに長所と短所があります。今日では，両方の研究を中心とする，異なる方法の研究を行って，それらの結果を総合して議論していくことが望ましいと考えられています。これは，三角測量アプローチとよばれます（Prot & Anderson, 2013）。

4．メタ分析とは何か？

同じ問題を検討していたとしても，研究間にはそれぞれ，対象者や

方法などに違いがあります。また，たとえ完全に同質な対象者と同一の方法を使ったとしても，偶然の誤差によって研究間で結果は異なり得ます。それゆえ，様々な研究の結果を統合して，一般的な結果を得ることが重要になります。

メタ分析は，そうした手法です。個々の実証研究が一人ひとりの対象者のデータを，一定の計算を行って集約し1つの結果を導くように，メタ分析は一つひとつの実証研究の結果をデータとして扱い，それを計算によって集約して1つの結果を導きます。個々の実証研究の結果を特定の効果サイズの指標で表し，メタ分析はそれを統合した効果サイズの値を求めます。統合された効果サイズの値は，それらの研究を通じての一般的な結果ということになります。例えば，「テレビゲーム遊びが攻撃性を高める」ことを検討した多数の実験室実験の結果から，確かに実験室実験では一般的に「テレビゲーム遊びが攻撃性を高める」といえるという結論を導きます。

メタ分析では，カテゴリーごとの結果や，カテゴリー間に差があるかどうかも検討できます。例えば，もし，男性ないし女性のみの結果を報告している研究が十分あれば，男性あるいは女性のみの結果を示すとともに，さらに両者カテゴリーの結果に違いがあるかも検討できます。違いがないのであれば，研究全体に関する結果は，性差を超えたものであり，それが一般的で普遍的であることをさらに確信させます。

一方，メタ分析には1つの問題点があります。メタ分析を行うときに，既存の研究結果を得るために論文収集を行います。一般に，影響が検出された論文は，投稿した雑誌の審査を通過し公刊されやすいのに対し，影響が検出されなかった論文は公刊されにくいとみられます。影響が検出されなかったことが，本当に影響が存在しないためなのか，それとも研究の方法が悪かったためなのか判然としないからです。こうしたことから，メタ分析の対象となる研究は，影響が検出されたものに偏り，それゆえ，メタ分析の結果は，影響があることを過大評価しやすいと考えられます。これは，選択バイアスないし公刊バイアスといわれます。

この問題に対応するため，公刊されていない研究の結果を積極的に集めたり，影響を検出していない研究が他にいくつあれば，メタ分析の結果が影響を検出しているとはいえなくなるという数値（フェイル

セーフ数とよばれます）を示すことなどが行われてきました。フェイルセーフ数が十分大きいのであれば，仮に公刊されていない研究があるとしても，それが究極的に結論に影響する可能性がありそうもないことについて自信がもてるものとなります。

　他の心理学の研究と同様に，メディアの影響研究においても理論的な進展や議論は重要ですが，とにかく影響が実際にどうであるかが，メディア影響研究ではとりわけ重要なことになります。これは，規制の問題に直結しうるからです。メタ分析は，もし，これまでの研究の中に不適切なものがあったとしても，多くの研究による一般的な結論を導くことにより，不適切な研究による誤った結果の影響を低減します。こうした事情から，メディア影響の研究では，メタ分析の結果がとりわけ大切になります。

2節　メディア影響研究の実際

　これまでメディア影響の心理学について主要な方法を述べてきましたが，本節では，その具体例として，筆者の研究室で行ってきた研究のうち，5つを紹介します。

1. テレビゲームにおける暴力シーンの影響に関する実験研究

　暴力シーンに触れていると，視聴者の攻撃行動が引き起こされるかどうかは，長く関心がもたれてきた問題です。古くは，映画やテレビの研究が盛んに行われ，真逆の主張をする社会的学習説とカタルシス説が対立してきました。社会的学習説は，暴力シーンにおける攻撃行動が視聴者によって模倣されるとするものであり，特に，ヒーローが悪役を倒して事件が解決するというように暴力が肯定される場面を見ることによって，暴力に対する見方が変容し，視聴者の攻撃行動が促されるとします（Bandura, 1965）。一方，カタルシス説は，暴力シーンを見ることによって，視聴者は怒りや欲求不満などの不快感情を解消できるので，攻撃行動がむしろ低減されるとします（Feshbach & Singer, 1971）。実証研究が進むにつれ，社会的学習説のほうが優勢となっていきました。

　テレビゲーム使用についても，暴力シーン接触の影響に関する実証

研究が盛んに行われるようになり，それが攻撃行動を引き起こすことを支持する結果がしばしばみられてきました。そうなりますと，暴力的テレビゲーム使用の悪影響があるとしても，どのような暴力シーンの場合に特に影響力が強いのかを特定することが次の重要な研究課題となります。

そこで，山岡ら（2010）は，影響力が強い暴力シーンは，報奨性が強い場合ではないかとする仮説を実験室実験で検討しました（山岡ら，2010）。この場合の報奨性とは，プレーヤーが相手に対して攻撃したことにより，得点が稼げたり，新しい展開やストーリーが楽しめようになるなど，攻撃に対する褒美があることです。

山岡らは，まず，実験で使うゲームソフトを選定するために，14名の女子大学生に対して予備調査を行い，11個のシューティング・ゲームのソフトについて，その報奨性や攻撃頻度を評価してもらいました。そして，攻撃頻度が同等でありながら，報奨性に大きな違いがあるソフトのペアを選び出しました。その結果，報奨性の高いソフトとして「ソルディバイト」，報奨性の低いソフトとして「バーチャコップ」が選び出されました。

続いて，実験を実施しました。女子大学生33名を無作為に3つの群（高報奨性群，低報奨性群，対照群）に分けて，15分間，高報奨性群と低報奨性群の実験参加者にはそれぞれ「ソルディバイト」「バーチャコップ」で遊んでもらい，対照群には，当たり障りのない映像としてビデオ「MARCO—母をたずねて三千里—」の一部を見てもらいました。

こうしたメディア接触の後，他者に電気ショックをどれだけ与えようとするかが攻撃行動の指標として測定されました。実験の結果，高報奨性群は，対照群と比べて強い攻撃行動を示しましたが，低報奨性群の攻撃行動は，対照群のものとあまり違いがないことが示されました。これは，暴力シーンに影響があるといっても，報奨性が高い場合だけであることを示唆するものです。

どのような暴力シーンが攻撃行動を促すかは，規制をはじめとする対策の点で重要です。仮に暴力的テレビゲームに対する何らかの規制をするとしても，暴力シーン全体を規制することは非現実的であり，規制をしたり，取り扱いに注意するのは，特に問題性が大きいものだ

けにすべきです。上記の例のように，一般に，どのようなコンテンツが影響力が強いかの検討には，実験室実験は有用である一方，パネル研究には制約があります。例えば，報奨性の高いソフトで遊んでいる人は，同時にそれが低いソフトでも遊んでいるかもしれず，そうであれば，両者を比較する検討はできなくなります。このような場合，パネル研究は有効に機能しません。実験室実験は，データ収集に手間がかかり，また，近年は研究倫理に対する配慮から実施しにくくなっていますが，こうした事情から，実験室実験はどうしても必要なものです。

2．仮想コミュニティを活用した社会性訓練に関する実験研究

　他人を前にすると緊張してしまい，うまく交流できなくなる人は，シャイネス者とよばれます。こうしたシャイネス者の社会性を高める取り組みは求められるものですが，坂元ら（2000）は，この訓練のため，仮想コミュニティが利用できないかと考えました。この場合の仮想コミュニティとは，コンピュータ・ネットワークの中に設けられた仮想的な生活空間において，遠隔地にいる複数のユーザーが，同じ場面を共有しながら，同期コミュニケーションによる交流を楽しむものです。なお，こうしたコミュニティの世界を実現するシステムはMUD（multiuser dungeon）とよばれていました。

　坂元らがシャイネス者の社会性訓練のためにMUDが利用できると考えたのは，シャイネス者は，対面場面では緊張するとしても，MUD世界であれば，社交的にふるまうことが可能であり，そうした行動の中で，社交的にふるまう自信やコツなどを得ていけるのではないかと思われたからです。そして，シャイネス者がこのMUD世界の中で社交的に行動することによって，実際に対面場面での社会性が高まるかどうかを実験室実験によって調べました。

　坂元らはまず，事前調査を行い，女子大学生から，シャイネス傾向が強い39名の実験参加者を抽出し，実験群と対照群に無作為に分けました。そして，実験群の実験参加者には，「社交的な人物を演じる」ように教示し，MUDの1つである富士通のハビタットIIを使用してもらいました。一方，対照群の実験参加者には，中立的な内容の映画を視聴していただきました。その後，実験参加者は，知らない人物（サクラ）と2人きりにされ，そこでの実験参加者の行動が観察されました。

▼表 4-1　対面場面での社会性

	実験群	対照群
話しかけ (0-1)	.50	.21
発話時間 (秒)	43.86	12.86
アイコンタクト時間 (秒)	62.83	19.10
着席距離 (cm)	73.65	76.26
サクラからの印象 (1-5)	2.45	2.11
評定者からの印象 (1-5)	2.41	1.47

注)「話しかけ」は，個々の実験参加者について，あった場合は「1」，なかった場合は「0」が与えられています。「印象」は，数字が高いほど外向的という評価がなされたことを示します。表中に示されている数値はすべて，それぞれの群における実験参加者の平均値です。

　その結果，実験群の実験参加者のほうが，対照群の実験参加者よりも，その人物に対して，よく話しかけ，長く話し，頻繁にアイコンタクトをとりました（表4-1）。また，サクラからの印象も，交流の様子を観察した評定者からの印象も，実験者の実験参加者のほうが外向的というものでした。こうしてMUD使用がシャイネス傾向者の対面場面における社会性を高めることが示されました。

　シャイネス者の訓練は，最終的にはあくまで対面での交流場面において行われるべきであり，仮想コミュニティにおける訓練だけでは十分ではありません。しかし，シャイネス者にとっては，対面での交流場面での訓練，特に演技をすることは容易でないと思われます。この研究は，その前段階の訓練として仮想コミュニティを使うことに有用性がありうることを示唆したものと考えられます。

3. インターネット使用と抑うつや攻撃性に関するパネル研究

　従来，インターネット使用が抑うつのような精神的不健康をもたらすかどうかについて研究されてきました。著名なものとして，クラウト(Kraut et al., 1998) の研究があります。彼らは，縦断調査の結果に基づいて，インターネット使用が質の低いコミュニケーションをもたらし，その結果，精神的不健康を招くとしました。そして，インターネットがコミュニケーションを豊かにするために生まれてきたにもかかわらず，真逆の帰結になっていることを「インターネット・パラドッ

クス」とよびました。しかしながら，その後の研究は，結果が一貫せず，もともと人間関係が豊かでない人は悪影響を受けるものの，人間関係が豊かである人は，インターネット使用からむしろ良い影響を受けるとする富者富裕化仮説なども出されています（高比良，2009）。

このように研究結果が一貫していないことから，高比良らは，インターネット使用といっても，どのようなツールを使うのか，また，どのような目的で使うのかによって影響が異なる可能性に着目し，そのツールや目的について網羅的に調べ，そのそれぞれの影響力をパネル研究によって検討しました（Takahira et al., 2008）。また，インターネット使用が攻撃性（特に短気，敵意，言語的攻撃，身体的攻撃）などに及ぼす影響についても同時に検討しました。インターネット使用が攻撃性に及ぼす影響を検討したパネル研究は意外に少ない状況でした。

高比良らは，10歳から12歳の日本の児童421名に対して，3か月程度の間隔を空けた2波のパネル研究を行ってデータを収集しました。それぞれのツールや目的ごとに，インターネットの1週間当たりの使用時間を調べ，また，多数の質問項目に対する回答を通して被調査者の抑うつ気分や攻撃性などの得点を得ました。

パネル研究のデータを分析する場合，交差遅れ効果モデルがよく用いられます。例として，インターネット使用のツールとして「電子メールの使用」を取り上げ，抑うつ気分との因果関係を検討する場合のモデルを図4-1に示します。

すべての変数について分析を行った結果，ツールとしては，「電子メールの使用」「掲示板への書き込み」「チャット」の3つの使用についてそれが抑うつ気分を強める影響が検出されました。一方，「ウェブページの閲覧」「ウェブページの作成」「オンラインゲーム」につい

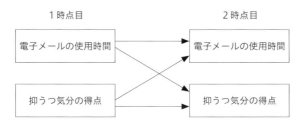

▲図4-1　電子メール使用と抑うつ気分に関する交差遅れ効果モデル

ては影響が検出されず，これらのことから，他者との双方向的コミュニケーションが盛んなツールの場合に影響がみられるように思われました。同様に，目的についても，「家族や友人とのやり取りのため」「友人作りのため」にインターネットを使用すると抑うつ気分が強まるが，「授業のため」「宿題や勉強のため」「好きなことを調べるため」の使用では影響が検出されないという結果となりました。これも双方向的コミュニケーションであるかどうかが重要であるようにみえます。

　双方向的コミュニケーションを行うツールや目的の影響は，攻撃性でも同様であり，「電子メールの使用」「掲示板への書き込み」「友人づくりのため」の影響が検出されました。こうした抑うつ気分や攻撃性の結果は，1つには，双方向的コミュニケーションでは不快な体験をする場合が少なくなく，それが影響しているかもしれないと思われました。

　攻撃性については，双方向的コミュニケーションではないウェブページ一覧についても影響が検出されました。これは，特定のウェブページにしばしばみられる攻撃的な内容のコンテンツやメッセージに触発された可能性が考えられます。

　この研究は，従来のインターネットの影響研究における結果の混乱について1つの説明を与える結果を得たものといえます。双方向的コミュニケーションのためにそれを使うかどうかということで結果が異なりうるということです。このように対立した結果を解決しようとする試みは，それまでの研究結果について一気に意味をもたせうるものであり，重要な研究プロセスであるといえます。

4. インターネット使用とインターネット依存に関するパネル研究

　インターネット使用にのめり込み，そこから抜け出せなくなってしまうことをインターネット依存といいます。多くの対象については，それをしすぎてしまえば，飽きてしまい，それを続けようとする気持ちはなくなります。しかし，依存性のある対象は，それをするにつれ，それにのめり込んでいく気持ちが強まり，それがさらにしすぎを助長してしまいます。

　クマザキらの研究は，インターネットについてこうした依存性があるかどうかの結果を提供しています (Kumazaki et al., 2011)。ク

マザキらは，大学生314名（男性278名，女性36名）に対して，3か月程度の間隔を空けた2波のパネル研究を行い，インターネット使用とインターネット依存などの間の因果関係を検討しました。インターネット使用としては，「電子メールの使用」「ウェブページの閲覧」「チャット」など，様々な用途の場合のインターネット使用量について，1日当たりの使用平均時間と，1週間当たりの平均使用日数を調べました。また，インターネット依存については，「私は，自分が適切と思うよりも多くの時間をインターネットに費やしてしまう」「私は，インターネットに費やす時間が多すぎるために，学業や人間関係に支障が生じている」などの項目に対する回答から得点を算出しました。

　得られたデータを交差遅れ効果モデルに基づいて分析しました。分析の結果，すべての用途での使用がインターネット依存を増やしていました。さらに，逆に，インターネット依存がインターネット使用を増やしているという結果も多くみられました。これは，インターネット使用とインターネット依存の間に双方向的な影響があり，両者が相乗的に増加することを示唆しています。

　このようにインターネットは，それを使用することによって，使いすぎを自己コントロールしにくくさせ，それがさらに使用を促すというスパイラルをもたらします。このことは，インターネット使用を少しでも制限することが，その時の使用時間を減らしたという意味だけにとどまらず，自己コントロールを回復させ，次の使用制限の取り組みを楽にする意味ももつことを意味します。依存からの回復は容易ではありませんが，少しでも時間制限をしていくことの意味は大きいと考えられます。

5. テレビゲームにおける暴力シーンの影響に関するメタ分析

　暴力的なテレビゲームの使用が攻撃行動などに及ぼす影響に関する研究は盛んに行われてきました。そこで，アンダーソンらは，メタ分析を行って，これまでの研究全体に基づく一般的な知見を得ようとしました（Anderson et al., 2010）。攻撃行動ばかりでなく，攻撃的認知や攻撃的感情など6つの変数に対する影響について検討しました。

　また，このメタ分析では，西洋と東洋における影響の違いについても着目しました。東洋とはいっても，その研究のほとんどが日本のも

のであったところから，事実上，西洋と日本の研究結果が比較されることになりました。

　分析対象となる文献は，米国や日本のデータベースを検索するなどして収集しました。公刊論文だけでなく，未公刊論文も集め，136本の論文が集められました。6つの変数に関する結果は，136本の論文において合計して381個報告されており，また，それらの研究の研究参加者（実験参加者や被調査者）の合計数は130296名に達するものでした。相関研究，縦断研究，実験研究の3通りの方法による研究が含まれていました。

　それぞれの研究について方法の良し悪しがいくつかの基準で評価されました。例えば，実験研究では，暴力的なテレビゲームと比較される対照群でも，実験参加者が暴力シーンに触れているものがありました。これは，暴力的テレビゲームの影響を調べようとする比較対象としては適当ではありません。また，相関研究や縦断研究では，暴力的テレビゲームの使用量を調べているのではなく，テレビゲーム全般の使用量を調べているものがあり，それも暴力的テレビゲームの影響を調べるものとして適切ではありません。そこで，アンダーソンらは，このような研究の結果を排除した場合と，すべての研究を対象とした場合の両方についてメタ分析を行いました。また，男女別の結果を提示している研究を分析対象とすれば，性別による影響を受けない結果，すなわち，性別を第3変数とする疑似相関を含まない結果を得ることができます。そこで，そうした研究に限定した分析も行いました。

　このように基準をクリアし，また，性別の影響を受けない研究の結果は，全部で208個（研究参加者は合計して53034名）あり，実験研究が92個，相関研究が82個，縦断研究が34個でした。日本の研究は64個，西洋の研究は144個でしたが，参加者は，日本が32436名，米国が20598名であり，日本のほうが多くなりました。

　6つの変数のうち，攻撃行動に関するメタ分析の結果を，表4-2に示しました。相関研究，縦断研究，実験研究のいずれの場合も，影響を示す効果サイズの統合値は有意なもの（誤差範囲とはいえないもの）となっていました。また，日本と西欧の違いはあまりないという結果も得られました。

　公刊バイアスについては，個々の研究における効果サイズがどのよ

▼表 4-2　攻撃行動に関する統合された効果サイズ

	効果サイズ	信頼区間	参加者数	結果数
研究全体				
相関研究	.189	.181- .196	59336	81
縦断研究	.198	.172- .223	5513	14
実験研究	.181	.148- .213	3464	45
基準を超えた研究				
相関研究	.262	.247- .277	14642	40
縦断研究	.203	.175- .231	4526	12
実験研究	.210	.172- .248	2513	27
基準を超え，性別の影響を受けない研究				
相関研究	.171	.154- .189	11809	36
縦断研究	.075	.045- .104	4429	12
実験研究	.210	.172- .248	2513	27

注）「信頼区間」は，真の効果サイズが95％の確率でその範囲にあることを示します。「結果数」は，メタ分析が対象とした研究結果の数であり，「参加者数」は，それらの研究における参加者の延べ数です。

うに分布しているかを調べ，その分布が示す偏りから公刊バイアスによる影響を推定し，それを排除する分析方法（トリム・フィル法）があります。そこで，それを用いて検討したところ，公刊バイアスの影響は考えにくいことが示されました。

6. まとめ

　以上のように，5つの研究事例を述べてきました。メディア使用の影響を受ける変数としては，攻撃性，社会性，抑うつ，依存と様々なものがあり，また，1つ目と2つ目の研究は実験室実験，3つ目と4つ目はパネル研究，5つ目がメタ分析を用いたものでした。

　メディアの影響研究は，こうした研究を通じて基本的に4つの知見を得ようとします。第1に，メディア使用の影響があるかどうか，また，どれくらいの強さなのかを特定します。1つ目から4つ目の実証研究にあるような知見を蓄積し，最終的には5つ目のようなメタ分析を行って確かな知見を得ていきます。

第2に，メディア使用の影響を調整する要因をみつけることです。1つ目の研究は，暴力シーンの影響力を報奨性が変化させることを示しました。この報奨性のように，他の変数の影響力を変化させる変数のことを調整要因といいます。先述したように，こうした調整要因の知見は，メディア使用の取り扱いをどうするかについて貴重なものとなります。3つ目の研究も，コミュニケーションの双方向性が，インターネット使用の抑うつや攻撃性に及ぼす影響の調整要因である可能性を見出したものといえます。ただし，これはあくまで事後的な解釈であり，はっきりとした知見とするためには，条件統制を行って双方向的コミュニケーションとそうでない場合を比較する実験室実験を行う必要があります。

　第3に，メディア使用の影響を媒介する要因の特定です。3つ目の研究では，双方向的コミュニケーションが不快感情をもたらし，その結果，抑うつや攻撃性を促す可能性が論じられています。この不快感情のように，ある変数から影響を受け，その結果，別の変数に影響を与えるものを媒介要因といいます。3つ目の研究は，不快感情という媒介要因の可能性を見出したものといえます。この可能性を確認するため，不快感情を測定し，確かに媒介要因になっていることを確認する後続研究が求められることになります。なお，調整要因や媒介要因の検討においても，メタ分析によって確かな知見を得ていくことは意味あることといえます。

　媒介要因の特定は理論構築において重要なこととなります。理論とは，なぜそのようなことが起こるのかについて一般的な説明をするものであり，メディアの影響研究であれば，なぜ，そのメディアがそのような変数に影響をもつのかを説明するものになります。双方向的コミュニケーションが抑うつや攻撃性をもたらすのは，それが不快感情をもたらすからであるというのは，1つの理論といえます。理論は，データのない問題を取り扱わなければならない場合に，その足掛かりとなるものです。例えば，今後，強い不快感情をもたらしうるメディアが登場すれば，それについての研究知見がなくても，それが抑うつや攻撃性をもたらす可能性を想定できます。こうした理論がメディアの影響研究が得ようとする知見の4つ目となります。

　このように，メディアの影響に関して，取り組みに役立つ様々な結

果を蓄積しつつ，一方で，理論の構築にも目配りしていくのが，メディア影響の心理学における営みということになります。

3節　仕事との関係

　以上のように，メディア影響の心理学について，その研究方法と研究例を紹介してきました。本節では，こうした心理学が関わりうる仕事や，実際にそうした仕事をしている機関について述べます。

1．メディア影響研究に関わる仕事

　様々な仕事にメディア影響の心理学が関わりうると考えられますが，青少年に対する悪影響を避ける業務が最も多いようにみえます。

　近年では，メディアにおける有害情報の青少年に及ぼす悪影響が注目されており，それを避けるために様々な取り組みが行われています。その取り組みにおいては，どのような有害情報がどのように問題であるかの知識は重要であり，メディア影響の心理学に関する専門性が生きうる場ということになります。例えば，以下の業務があります。

　第1に，メディア・コンテンツの有害性を評価したり，有害なコンテンツが流通していないかどうかを監視する業務，さらには，有害性を判断するための基準を策定する業務があります。青少年を有害情報に触れさせないためには，誰かがコンテンツの内容を確認し，その有害性を判断し，有害なものを出回らないように措置する必要があります。

　第2に，メディアの悪影響に対応する能力を身につけさせるための，メディアリテラシーや情報モラル学習の教材開発です。教えるべき内容は，どのようなコンテンツに有害性があるかについて非科学的な根拠によるものは含められません。

　第3に，メディアの悪影響に対応する能力を身につけさせるための啓発を行う業務です。こうした業務のためには，当然正しい知識をもっている必要があります。

　第4に，メディアの影響に関する研究業務です。近年では，メディアの影響問題が大きくなったため，学術研究の分野はもちろん，行政や産業界などでも，メディアの影響やその対応に関わる調査が盛んに

行われています。これは，即時の問題解決に結びつけようとするものであり，従来の知見に対する蓄積性を重視する学術的な研究者はあまり取り扱わないものです。しかしながら，こうした業務に取り組む，実証研究のスキルをもった人材は必要とされます。

これらの業務においては，メディア影響の心理学に関する専門性が力を発揮することになります。さらに重要なのは，こうした業務に心理学の専門性をもった人材が従事しているということ自体が，それぞれの取り組みの信用性を説得力あるものにすると考えられることです。

しかしながら，現実には，これらの業務について心理学のバックグラウンドをもった人物が従事しているケースは少ないところです。これは，1つには，こうした業務において心理学の専門性が有益であるとしても，法律に関する知識や，インターネットや情報機器に関する技術的知識など他にも重要な専門性があり，また，心理学の専門性に適合した業務が十分多くないことから，あえて心理学の専門性に期待するところまでにはいたっていないからであると考えられます。現在のところ，心理学の専門性をもつ人物をこうした業務に専従させている取り組み団体は少なく，必要な心理学の知識については，外部の専門家から助言を受けて対応している状況であるようにみえます。

メディアの影響問題は，今後，大きくなっていく一方であると考えられます。取り組みの拡張が行われていくとすれば，法律や技術の専門家とともに，心理学の専門家もこうした業務に専従する人材として期待されていくことが考えられます。

2．メディア影響に関する取り組み機関

メディア使用が青少年に及ぼす悪影響に対応する機関や団体は少なくありません。公共団体と事業者の両者が取り組みをしています。取り組み機関には，大まかにいって，6つの業務内容のものが挙げられます。以下，順に解説します。

まず第1に，倫理審査機関があります。例えば，コンピュータエンターテインメントレーティング機構（CERO）は，ゲーム機用のテレビゲームのソフトウェアを発売前に審査し，それぞれのソフトにおける暴力，性，反社会的行動，言語・思想の表現の内容に基づき，推奨される年齢区分を示すレーティングを行っています。同機構は，一

つひとつのソフトに対して，A判定（全年齢対象），B判定（12歳以上対象），のように推奨年齢を設けて判定します。テレビゲームの販売者がこのレーティングを子どもの保護者に示すことにより，保護者は，購入前に，ソフトが自分の子どもに倫理面で適合しているかどうかを判断できます。

これに対して，モバイルコンテンツ審査・運用監視機構（EMA）は，ウェブサイトやコミュニケーション・アプリなどの審査を行う団体です。これらのサービスでは，インターネットを使って使用者がやり取りをしたり，自分が作ったコンテンツを発信したりします。そのため，事前にコンテンツの審査をすることができません。そこで，同機構は，当該ウェブサイトやアプリでの使用者のコミュニケーションを管理し，問題を引き起こさない十分な体制をもっているかどうかなどを審査し，審査を通過すれば，健全サイトないしアプリとして認定しています。認定されたサイトやアプリは，携帯電話やスマートフォンに導入されるフィルタリングによって遮断されないものとなります。同機構はまた，認定サイトやアプリで実際に健全性が維持されているかを監視しています。

テレビ放送については，放送倫理・番組向上機構（BPO）があります。これは，テレビ放送に倫理的な問題があると感じた視聴者からの苦情を受け付ける機関です。同機構は，受け付けた苦情を審議し，問題があると結論されれば，放送局に注意を行います。同機構の中に，「放送と青少年の委員会」があり，これは特に青少年に対する悪影響が問題になる案件を扱っています。

この他にも，コンピュータソフトウェアのレーティングを行うコンピュータソフトウェア倫理機構や，映画のレーティングを行う映画倫理委員会など，多数の倫理審査機関があります。

第2に，フィルタリング事業者があります。インターネットの違法情報や有害情報に対してアクセスできないようにするのがフィルタリング・サービスですが，このサービスを販売している事業者があります。この事業者は，無数にあるウェブサイトやアプリの内容を確認し，それを様々なカテゴリーに分類しています。フィルタリングのシステムを，パソコンやスマートフォンなどの情報機器に導入することによって，特定のカテゴリーに対するアクセスを遮断できます。カテ

ゴリー分類については，様々な基準によって行われているとみられますが，青少年における悪影響もその1つの視点になると考えられます。

第3に，ネットパトロール事業者があります。これは，インターネットにおける使用者の書き込みを監視し，問題性があるものを見つけ出す業務を行う事業者です。先述したように，モバイルコンテンツ審査・運用監視機構は，問題を引き起こさない十分な体制があるかどうかでウェブサイトやアプリの健全性を判断します。十分な体制であるために重要なのが，そのウェブサイトやアプリの事業者が使用者の発信について監視を行い，問題があるものに対して対策がとれることです。この監視業務は膨大な労力がかかり，そのため，こうした事業者は，ネットパトロール事業者にしばしば業務を依頼しています。

以上の倫理審査機関，フィルタリング事業者，ネットパトロール事業者は，いずれもどのようなコンテンツが青少年に悪影響を及ぼしうるかを判断する必要があり，それは心理学の知識や専門性が役立つものといえます。

また，第4に，啓発機関があります。メディア使用の悪影響を避けるために，青少年に対し自らそれに対応できる力を身につけさせることは重要です。多くの団体や事業者がそうした啓発活動に取り組んでいます。代表的な公共団体としては，安心ネットづくり促進協議会があります。また，総務省，文部省，通信事業者などが連携して行っているeネットキャラバンの活動があります。さらに，携帯電話事業者やコンテンツプロバイダなど多くのインターネット関連の事業者も，それぞれ独自にそうした取り組みをしており，教材を開発したり，盛んに講習会を行っています。

第5に，相談機関があります。インターネット使用においてトラブルがあったとき，その解決やアドバイスを求められる相談窓口が多く設置されています。専門機関としては，例えば，違法・有害情報センターがあり，総務省からの委託を受け，当該業務を行っています。また，インターネット協会は，東京都による「東京こどもネット・ケータイヘルプデスク」事業を受託し，長年にわたりインターネット・トラブルに関するメール相談を受けています。この他にも，インターネット・トラブルに関する相談を行っている機関は多数あります。

第6に，研究機関があります。メディアの問題は大きな社会的トピッ

クとなっており，多くの調査研究が行われています。例えば，先述した安心ネットづくり促進協議会は，研究業務も盛んに行っています。また，様々なシンクタンクがこのトピックを扱っており，この問題に対応できる体制となっています。特にメディア問題を重視しているシンクタンクとしては，メディア開発綜研やモバイル社会研究所などが挙げられます。

　以上，様々な機関や団体について言及してきましたが，実際にこうした取り組み団体が存在し，心理学の専門性が関わりうる業務を行っています。

　なお，これまで基本的にメディアの悪影響に対応する仕事について述べてきました。メディアの影響はもちろん悪影響だけではなく，良い影響もあります。そちらに対応する仕事についても，心理学の専門性は有益と考えられますが，良い影響の場合は，メディアを使った良いサービスをどのように作るかに焦点が当たることになり，それはサービスを作り込む形になります。こうしたものについては，心理学よりも，教育工学や人間工学などの分野のほうが，専門性がより業務に近いように思われます。心理学の専門性は，作り込まれていない，自然なメディア使用によって受ける影響を取り扱うことに適合しており，社会からのニーズが大きいのは，良い影響のほうよりも，悪影響に対応する仕事のほうであると考えられます。

4節　最後に

　これまでメディアの影響に関する心理学について，その方法論，研究の具体例，仕事との関わりを述べてきました。メディア影響の心理学に関する専門性は，多様な形で仕事に関わり得ます。現在は，心理学の専門家がそうした仕事のために雇用されている例は多くないようにみえますが，今後この問題が拡大し，取り組みの充実が求められていくとすれば，対応するスタッフの一部に心理学の専門性をもつ人材が加えられていくことになるかもしれません。メディアは強力になり，影響力を強める一方であることから考えれば，そうした状況も起こり得ると考えられます。

メディアの影響問題に関する社会貢献活動

　筆者は，30年にわたり社会心理学を専攻し，メディアの影響研究に関わるようになってからも，25年を超えることとなっています。神戸における少年Aの連続児童殺傷事件（1997年），バタフライナイフを使った女性教員刺殺事件（1998年），佐世保における女子児童殺害事件（2004年）など子どもによる凶悪犯罪事件の発生を契機にして，メディアの影響とくにテレビゲームやインターネットが子どもに与える影響の問題が注目されてきました。そして，行政や産業界などにおいてそれに対応する取り組みが盛んに行われるようになりました。

　当時，筆者のようにメディアが子どもに与える影響について研究している研究者は他に少なく，筆者は，そうした取り組みに参加するよう盛んに声をかけられることになり，それ以来これまで多くの取り組みに関わってきました。

　ここでは，筆者がどのような社会貢献活動に携わらせていただいたかを述べ，メディアの影響に関する心理学の専門性がどのような活動に関わりうるかを例示します。メディアの影響に対応している機関は少なからずあり，そこに専任で勤務している方々もおられますが，心理学のバックグラウンドをもっている方はあまりみられません。筆者は大学で社会心理学の授業を担当する教員であり，そうした機関の勤務者ではありませんが，そうした事情から，筆者自身の事例を紹介することとしました。

　筆者の社会貢献活動は，大きく分ければ，レーティング基準の策定，教育啓発教材の作成，研究事業への参加，行政や公共団体の運営に関わる業務の4つとなり，以下それらについて順に紹介します。

● レーティング基準の策定

　レーティングとは，メディアコンテンツをその安全性に応じて格付けることです。その情報によって，保護者は子どもに与えるコンテンツを選択できます。

　テレビゲームのレーティングを行っている機関として，コンピュータエンターテインメントレーティング機構（CERO: Computer Entertainment Rating Organization）があります。これは，独立非営利活動法人であり，行政からも産業界からも独立した第三者機関として設立されています。

　同機構は，コンシューマゲーム機のゲームソフトを格付けし，A（全年齢対象），B（12歳以上対象），C（15歳以上対象），D（17歳以上対象），Z（18歳以上のみ対象）の5区分に分け，その情報を提示しています。ゲームソ

フトのパッケージなどには，この情報を示すマークが付けられています。保護者は，それを見ながら，自分の子どもに適切なソフトを選択できます。

また，同機構は，ゲームコンテンツについて4つの領域（暴力，性表現，反社会的行為，言語・思想）にわたる25個のカテゴリーを設けています。そのそれぞれについて，どのような表現が含まれれば，推奨年齢区分のA～Z，禁止表現のいずれに相当するかの基準を決めています。

筆者は，2002年の設立以来，同機構の理事を務めており，この基準の策定や修正の作業に参加してきました。心理学の観点から，妥当な基準づくりに貢献することが筆者に期待される立場であり，例えば，表現そのものの過激さと同時に，そうした表現が肯定的に捉えられているか，否定的にとらえられているかを重視した基準となるよう取り計らってきました。これは，心理学において盛んに示唆されてきたことです。

● 教育啓発教材の作成

メディアの悪影響を避けるために，子どもに教育をしたり，また，子どもにトラブルがあった時にしかるべき対応がとれるよう保護者を啓発することは，盛んに進められてきたことです。筆者自身も，こうした教材の作成に多く携わらせていただきました。

主要なものを上げれば，まず，ドコモの「ケータイ・スマホ安全教室」の教材があります。ドコモは，子どもや保護者・教員などに対して出張講習を開いており，それは現在では1年間に6000～7000回に及び，毎年100万人以上が受講するものとなっています。筆者は，2006年から子どもや保護者・教員向けの教材の監修者となっており，出張講習で使うスライド，配布する冊子，参加者に視聴させる動画教材などの企画や原案を確認し，助言する業務を続けています。

また，文部科学省が小学生，中学生，高校生に提供している「スマホ時代のキミたちへ」というリーフレットの作成にも携わっています。文部科学省は，この作成を株式会社メディア開発綜研に委託しています。同社は「青少年有害環境対策普及啓発活動推進事業」検討委員会を設置し，そこで作成作業が進められましたが，筆者は委員長としてそれに関わりました。このリーフレットは，平成27年度の場合には，高校生向けのものが130万部以上印刷され，日本の高校1年生全員に行き渡るよう取り計らわれました。平成28年度は，小学生・中学生用のものが130万部以上印刷され，小学校6年生に全員に行き渡るようにされます。

さらに，東京書籍株式会社が出版している高等学校の情報科教科書や，教員用の指導書（教科書内容の解説をしたり，授業におけるポイントを記載したもの）の執筆者となっています。平成24年度には「情報の科学」「社会と情報」の2冊が出されており，平成29年度には「社会と情報」が2

種類に分かれ，合計3種類の教科書が刊行されます。これらは合計して，毎年，数十万部が販売されるものとなっています。

こうしたものの他，デジタルコンテンツ，ポータルサイト，ビデオ，ゲーム，漫画，新聞記事，博物館展示，教育カリキュラムなどさまざまなものの監修業務を行ってきました。

● 研究事業への参加

行政や産業界などの取り組みは，確たる根拠に基づいて的確に進められることが望まれます。そこで，対策に役立てるための研究事業がしばしば企画されます。筆者は，そうした研究事業に多く参加してきました

例えば，平成13年度から平成15年度に行われた文部科学省の「青少年を取り巻く有害環境対策に関する調査研究事業」があります。これは，米国におけるテレビ，テレビゲーム，インターネットそれぞれの取り組みについて，米国の関係機関を訪問調査し，実態を報告するものでした。筆者は，その事業の協力者会議メンバーであり，実際に，毎年，調査団の一員として米国で訪問調査を行いました。平成16年度から平成17年度は，文部科学省は，同事業を筆者の研究チームに委託することになり，東アジア（中国，韓国，台湾，香港）に対する訪問調査を実施しました。平成18年度もさらに委託を受け，北欧（スウェーデン，フィンランド）の関係機関に対する訪問調査と，メディアが青少年に及ぼす影響に関する学術研究の文献調査を行いました。

また，コンピュータエンターテインメントレーティング機構は，ゲームレーティング研究会を2007年度〜2009年度に立ち上げており，同機構の取り組みに対する評価やテレビゲームにおける個々の表現に対する認識などに関する実態調査，米国やヨーロッパにおけるゲームレーティングの取り組みに関する訪問調査，ゲームの影響に関する学術研究の文献調査など多様な調査を行いました。2014年度にも第二次レーティング研究会を立ち上げ，テレビゲームにおける個々の表現に対する認識を調査し，前回からの変化を明らかにしました。筆者は，ずっとこれに参加してきました。

この他にも，平成17年度から平成19年度，文部科学省が，デジタル放送教育活用促進協議会に委託した「地上デジタルテレビ放送の教育活用促進事業」に参加しました。これは，全国の6つの地域にある学校に対して，デジタルテレビを導入して授業実践を行わせる先導的モデル事業を行ったものです。このことにより，デジタルテレビの教育活用に関する知見を得ることなどが企図されました。実施されたデジタルテレビ活用の有用性に関する評価も行われ，筆者もその作業に参加し，その効果を評価するための実験や調査などを実施しました。

以上は，筆者自身が研究の実務作業に携わったものですが，この他に，

行政からの受託事業者などの研究業務に対して監督したり助言する形で事業に関わるものも少なくありません。例えば，平成24年度〜平成28年度の文部科学省「情報活用能力調査に関する協力者会議」には委員として，平成27年度の内閣府「アメリカ及びオランダにおける性表現が青少年に与える影響研究等に関する調査研究」企画分析委員会や，平成21年度の観光庁「感染症発生時における観光関連産業リスクマネジメント検討会」には委員長として参加しましたが，これらでは，調査事業の実施されたシンクタンクがあり，委員の役割は，その業務を監督したり，助言することでした。なお，行政の研究事業の委員会は，委託された団体の下に設置されることも多くあります。

　他にも多数の研究事業がありますが，それらも含め，これまで筆者が関わってきた研究事業の内容は概ね3つに分けられるように思われます。第1に，これまでの学術研究の文献調査であり，第2に，メディアやコンテンツに対する認識，それが引き起こすトラブルやその取り組みに関する実態調査です。そして，第3は，メディアの影響や，行政などの取り組みの効果を調べる評価研究です。いずれも行政や取り組み団体が，今後の取り組み方を検討したり改善したりするために重要になるものと言えます。

● 行政や公共団体の運営に関わる業務────────────

　行政や公共団体は，中立的な立場の人物から，その事業や団体そのものの監督を受けることが求められます。また，優れた取り組み方を追求するため，専門家からの指導を受ける必要があります。そこで，事業や団体に関わる専門性をもつ人物に運営に関わってもらうことになります。

　筆者自身も，内閣府，文部科学省，警察庁，観光庁，東京都，神奈川県，秋田県などの審議会や委員会の委員長や委員などとして，取り組みに対する監督や提言を行う業務などに参加してきました。また，民間放送教育協会，中山隼雄科学技術文化財団，科学技術融合振興財団，学習ソフトウェア情報研究センター，インターネットコンテンツ審査監視機構，コンピュータエンターティンメントレーティング機構などの公益団体の理事や評議員として運営業務に関わっています。

　審査業務も運営業務の1つと考えられますが，これにも日常的に従事してきました。例えば，文部科学省，日本学術振興会，科学技術振興機構，中山隼雄科学技術文化財団，科学技術融合振興財団，松下教育研究財団，安心ネットづくり促進協議会などの研究助成金や研究成果の審査を行ってきました。研究に直接関連するもの以外にも，例えば，平成19年度より内閣府「子育てを支える『家族・地域のきずな』に関する作品コンクール」(平成22年度から「家族や地域の大切さに関する作品コンクール」)の審査委員を務め，応募されてきた作品を審査し，講評しています。

また，行政が事業者や公益団体などに対し事業の委託先を募集することがしばしばあります。行政が行政に委託する（例えば，国が県に）こともあります。入札してきた団体について，応札金額だけでなく，その事業を遂行する技術をどれだけもっているかを評価する場合があり，そうした技術審査員として，その事業の専門性をもつ人物がしばしば参加します。筆者自身も，メディア問題に関する事業について，文部科学省，東京都，神奈川県などの技術審査委員会の委員を務めてきました。

● 心理学の専門性と社会貢献活動

　これまで筆者がどのような社会貢献活動に関わってきたかを提示してきました。筆者自身としては，次のような専門性が活動に関わったと感じています。

　まず，当然ながら，メディアの影響研究に関する知識です。どの活動についても，基本的に，この専門性に対する期待から，それに従事することが要請されたと考えられます。

　しかしながら，こればかりでなく，実は，心理学の実証研究方法に関する一般的な知識やスキルも，これらの活動の中でしばしば役立つものでした。取り組みの中には，定量的な調査を行うものは少なくありません。実態調査や取り組みの評価などが行われます。この企画，実施，分析などに関わることはしばしばあり，心理学の研究方法に関する知識やスキルはそうしたときに貢献できるものとなります。これは，メディアの影響問題だけに関するものでなく，心理学の実証的研究者であれば有している基本的な知識とスキルです。

　また，メディアの影響研究とは別分野における心理学の理論に関する一般的な知識も役立つ場合があります。例えば，子どもは，将来に対するダメージを過小評価するために，逸脱行動をとりやすいことは，よく知られている心理学の知見と考えられますが，こうした内容をインターネットトラブルに関する子ども向けの教材の中に含めることは有益性があると思われ，筆者自身も促してきたものです。これも，メディアの影響問題だけに関するものでなく，心理学の基本的な知識です。

　以上のように，筆者は，筆者が関わってきたメディアの影響問題が社会問題化したため，さまざまな社会貢献活動に携わらせていただくことになりましたが，心理学の基礎的な知識やスキルが意味をもつと感じることがしばしばあり，また，それに大いに助けられてきました。

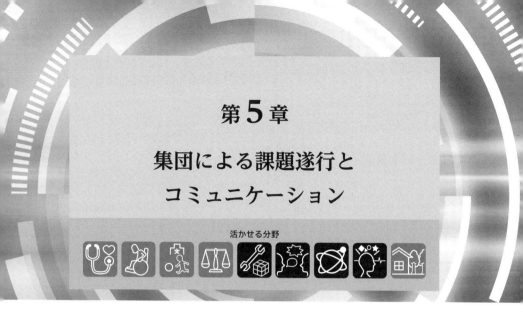

第5章
集団による課題遂行とコミュニケーション

1節　問題と目的

1. 集団の特質

　組織における課題遂行や重要な決定は，ほとんどの場合，集団で行われます。組織運営のため，会議を開催して，特定の事柄に関する方針を集団で決定し，組織の新たな方向性を集団で探究します。

　「3人寄れば文殊の知恵」ということわざは，凡人でも3人集まって相談すれば，個々人間の相互作用によって，文殊菩薩の考えと同じような優れた知恵が新たに生み出されるという意味です。このことわざは正しいでしょうか。少なくとも前提条件として，この3人の人間関係やコミュニケーションの仕方と，個々人があらかじめもっている知識や経験に注意をはらう必要があります。

　組織において決定が集団で行われる理由として，次の4点を挙げることができます（中村, 2002）。

　　①決定を集団で行うことにより，個々人が有する多くの情報が活用できます。
　　②集団化によって，一面的な物の見方に偏ることなく，個々人が有する多様な価値観，経験，考え方を活用できます。
　　③決定の主体と行動主体が異なる場合，行動の実行者を意思決定に参

加させることによって，決定に対する受容度と動機付けを高めることができます。

④集団によって決定することにより，決定案の正当性が高められ，実行可能性も高められます。

2. 阻害要因

しかし，集団で課題を遂行する場合，特有の問題が生じることがあります。そうした阻害要因として，同調，社会的手抜き，集団思考（groupthink），集団極性化（group polarization）などがよく知られています。

同調とは，集団や他者が設定した基準や期待にそって，個人が行動することをさします。社会的手抜きは，他者の存在によって課題遂行の動機付けが低下する現象です。このように，集団の達成が個々人の達成を集約した基準値を下回る程度を，相互作用における「プロセスの損失（process loss）」とよびます（亀田，1997）。

集団思考とは，愚かな意思決定を導く集団過程であり，団結力（凝集性）の高い集団で発生しやすいと報告されています（Janis, 1982）。集団思考の特徴として，(a) 集団の力や，自らの道徳性を過大評価し，楽観的になり，リスク志向的な判断にいたる，(b) 集団が閉鎖的な心理傾向となり，不利な情報を無視する，(c) 全員一致の幻想にとらわれ，反対意見に対する圧力（斉一性への圧力）が生じる，といった点を挙げることができます。

さらに，会議の結果，集団による決定が極端になるという集団極性化は，本章で扱う主要な問題の1つであり，以下の節で詳しく説明します。

3. コンピュータを介したコミュニケーション

ICT（Information and Communication Technology）の普及によって，私たちは，日常的にコンピュータを介したコミュニケーション（Computer-Mediated Communication［以下，CMC］）を行っています。具体的には，電子メール，ブログ，ソーシャルメディア，電子掲示板などを挙げることができます。

対面のコミュニケーションでは，非言語的コミュニケーションが非

常に重要な役割を果たしています。非言語的コミュニケーションは，(a) 表情，視線，身振りといった身体動作，(b) 性別，年齢，体型，身だしなみといった身体の外観，(c) 相手との距離や身体の接触，(d) パラ言語に分類できます（増田, 2014）。パラ言語は声の特徴であり，音質，声量，声の高さ，話す速度，話し方，沈黙などをさします。

しかし，CMC において，人々は主に文字だけを用いてメッセージを伝えます。対面であれば伝わる非言語情報やパラ言語が欠落してしまうことを，CMC の「情報濾過（cue filtered out）機能」とよびます（Kiesler et al., 1984）。

CMC が，従来の対面コミュニケーション（Face-To-Face communication: FTF）と比較してどのような特質をもつかに関して，膨大な研究が行われてきました。CMC では場所や空間を共有する必要がなく，不特定多数への情報発信が可能であり，匿名であれば，様々な社会的手がかりに依存しない発言が可能です。

4. 集団課題循環モデルと本章の目的

集団における課題遂行を分類する枠組みとして，マクグラス（McGrath, 1984）の集団課題循環モデル（group task circumplex model）が適しています。集団課題循環モデルは，概念的−行動的，対立−協力という2次元をもとに，4象限から構成されており，さらに課題を8タイプに分類しています（図5-1参照）。

集団課題循環モデルの第1象限は「創出」であり，計画立案課題と創造性課題から成ります。第2象限は「選択」であり，客観的な正解が存在する問題解決課題と，明確な正解がなく望ましい回答を判断する意思決定課題が含まれます。第3象限は「交渉」であり，見解の葛藤を解決する認知的葛藤課題と，利害の葛藤を解決する混合動機課題から成ります。第4象限は「実行」であり，勝利を追い求めて競い合う競争／競合課題と，主に身体を使った競争に関わる遂行／精神−運動課題が含まれます。

本章では，意思決定課題（タイプ4），問題解決課題（タイプ3），創造性課題（アイデアの創出，タイプ2）の3つに焦点を当て，こうした集団課題を対面で行った場合と CMC で行った場合とを比較し，CMC による集団課題遂行における様々な問題点について説明します。

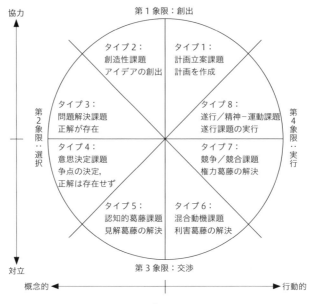

▲図 5-1　集団課題循環モデル（McGrath, 1984 を改変）

2節　意思決定課題

1. 選択ジレンマ課題と集団極性化現象

　特定の課題について，個人の意見を先に確認した上で集団討議を行うと，集団意思決定の結果は，個人意見の平均よりも挑戦的になることがあります。ワラックら（Wallach et al., 1962）は，転職，投資，大学入試, 困難な研究といった 12 個の「人生における選択」問題（選択ジレンマ課題）を用いて実験を行いました。その例を以下に示します。

【「人生における選択」問題（例）】
　A さんは，大手電機会社のエンジニアです。大学を出て 8 年目の 31 歳で，結婚をして 2 人の子どもがいます，会社から解雇される恐れはほとんどなく，世間並みの給料と，引退後は充実した年金が保証されています。しかし，60 歳で退職するまでに，今後，給与が大きく上がることは期待できません。

Aさんは，業界の会合に出席した時，新しく設立されたベンチャー企業の社長から勧誘を受けました。その会社の業績は伸びているので，A氏の現在の給料よりもかなり高い給料を保証し，持ち株制度もあるので，もし会社が躍進すれば，大きな資産になると言うのです。
　あなたはAさんの友人で，彼にアドバイスすると想像してください。そのベンチャー企業が大企業との競争に生き残る確率が，最低何％であれば，A氏に転職を勧めますか。

1. 会社が競争に生き残る確率に関係なく，転職を勧めない。
2. 会社が競争に生き残る確率が90％であれば，転職を勧める。
  ︙
10. 会社が競争に生き残る確率が10％であれば，転職を勧める。
11. 会社が競争に生き残る確率に関係なく，転職を勧める。

　こうした問題に対して，実験参加者は先に個人でリスク水準を判断し，その後，集団討議を行って全員合意のリスク水準を決めた後，もう一度個々人で判断を行いました。その結果，12問中10問で，集団意思決定とその後の個人判断のほうが，事前判断よりもリスク水準が高い事が示されました。この現象を「リスキーシフト（risky shift）」とよびます。

　ただし，ギャンブル課題などを用いた研究では，集団意思決定の結果が損失を回避する用心深い方向に変化するという知見もあり，「コーシャスシフト（cautious shift; McCauley et al., 1973)」とよばれています。例えば，デフレ下における企業の会議では，メンバーが防衛的で会議の雰囲気は保守的になり，失敗を回避する安全策が選ばれやすいでしょう。今日では，この2種類の変化を，集団極性化現象と総称しています。

　ここで，ワラックらによる実験で用いられた12問のほとんどが，リスキーですが，チャレンジングで魅力的であることに注意してください。つまり，前提として，挑戦を善とする文化的な背景が存在している可能性があります。

2. 対面とCMCの比較：選択ジレンマ課題

　選択ジレンマ課題を用い，対面会議と電子会議（CMC）を比較し

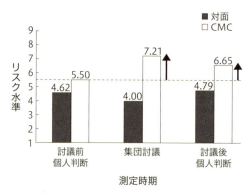

▲図 5-2　対面と CMC における集団極性化
（木村・都築，1998）

た研究が数多く行われ，リスキーシフトが CMC で顕著であると報告されています（Dubrovsky et al., 1991; Siegel et al., 1986；都築・木村，2001）。

　木村・都築（1998）も選択ジレンマ課題を用い，対面と CMC で，集団極性化の程度を比較しています（図 5-2 参照）。この図では，縦軸の数字が大きいほど，リスク水準が高いことを示しています。図から明らかなように，CMC 条件において，集団討議結果は，討議前（個人判断）よりもリスク水準が高く，このリスキーシフトは，討議後の個人判断でも維持されています。それに対して，対面条件では，集団討議の事前・事後の個人判断と比較して，集団討議結果で弱いコーシャスシフト傾向が見られます。また，CMC 条件のほうが対面条件よりも，緊張感の評定値が低かったことも重要な知見です。

3．第 1 発言効果と意見の発散

　集団意思決定において，最初に発せられた選好や立場の表明を「第 1 発言（first advocated statement）」とよびます。従来の研究では，対面においても CMC においても，第 1 発言が最終的な合議結果を予測する精度が高いことが示されています（第 1 発言効果）。つまり，態度が大きく最初に発言するような人が，集団討議で大きな影響力をもつ傾向があります。

　例えば，先に引用した木村・都築（1998）の実験では，選択ジレ

ンマ課題を用いて，CMC と対面を比較しました。この実験では，魅力的ですがリスキーな選択が成功する確率を 11 段階で設定し，実験参加者に回答を求めています。CMC 条件と対面条件の両方で，最終的な決定と，第 1 発言における選択との差は小さく，従来の研究と同様に，第 1 発言効果がみられました。

しかし，CMC では対面と異なり，第 2 発言で集団決定との差が大きくなり，第 3 発言で再び最終決定に近づく傾向がみられました。これは，CMC の第 2 発言で，第 1 発言と大きく異なる意見が表明されたことを示しています。CMC では一方向的に意見が合意に向かうのではなく，意見が一時的に発散する傾向があります。この点は CMC において，発言する際の心理的抵抗感が対面と比較して低いことと関係しています。

4．CMC で生じる集団極性化を説明する理論

CMC で生じる集団極性化に関する理論はいくつかありますが，ここでは 1 つの理論に限定して説明します。ある個人が感情的および価値的な意味付けを伴って，自分がある社会集団に所属していると見なすことを「社会的アイデンティティ（social identity）」とよびます。社会的アイデンティティ理論では，自分が特定の集団の一員であるという社会的アイデンティティが強く認識されると，自己と強く同一視する内集団と外集団の違いが明確になるよう動機付けられ，集団の意見が極端な方向に向かうと考えます。

匿名性などによって，自己評価や社会的評価に注意が向かなくなり，自己の統制が弱まり，日常では抑制されていた行動が起きやすくなる現象を，「脱個人化（deindividuation）」とよびます。社会的アイデンティティと脱個人化といった 2 種類の概念を用い，CMC における集団極性化を含め，インターネット使用に関わる様々な現象を説明する枠組みとして，SIDE モデル（Social Identity model of Deindividuation Effects：脱個人化作用の社会的アイデンティティモデル）が提案されています（Spears & Postmes, 2015; Reicher et al., 1995）。

5. 対面と CMC の比較：社会的テーマに関する討議

　スピアーズら（Spears et al., 1990）は，CMC における集団極性化の生起に，社会的アイデンティティの自覚と，空間的な孤立という脱個人化の両者が関わっていることを実証する研究を行いました。課題としては，国営企業の売却，原子力発電所の廃止といった実際に議論の的になっている4つのテーマを用い，賛否の程度を問いました。

　実験参加者には調査票を送り，あらかじめ各テーマに関する意見を確認しました。第1の実験要因は，3人集団でメールを使う際に，同室で顔を合わせて行うか，各自が別々の部屋で顔も見ずに行うかでした。後者の状況は，匿名性が高く，物理的に散在しているインターネット環境とよく似ており，脱個人化条件とよぶことにします。

　第2の要因は，グループを強調し，社会的アイデンティティを意識させるか，個人として行動するように促すかでした。こうした2要因をクロスさせて，4条件（実験参加者群）が設定されました。

　実験参加者はすべて心理学科の1年生でした。グループ強調条件ではグループ単位の違いを目的とした研究であると教示され，個人強調条件では個人差に関する研究であると説明されました。実験参加者は匿名化され，4桁の数字 ID を振り当てられましたが，メールを送る際に，グループ強調条件では ID の前に「グループメンバー」と表示し，個人強調条件では ID の前に「参加者」と表示しました。実験の流れは先行研究と同様に，事前・個人判断（郵送），集団による討議と合意，事後・個人判断であり，分析には極性化の指標として，事前と事後における個人判断の差が用いられました。

　実験の結果，2要因の交互作用が顕著であり，脱個人化・グループ強調条件で集団極性化の程度が最も高くなりました（図 5-3 参照）。脱個人化が集団極性化の主要な原因であるなら，脱個人化・個人強調条件でも極性化の指標が高いはずです。しかし，図 5-3 に示されたように，この条件では極性化指標がマイナスであり，リスキーシフトとは逆のコーシャスシフトが生じました。

　CMC における集団極性化は，匿名で隔離された脱個人化しやすい状況に，集団の一員であるという社会的アイデンティティの顕在化が加わったときに顕著になるという知見は重要です。つまり，この実験

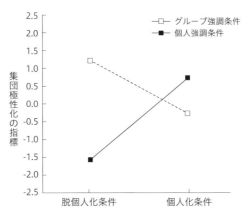

▲図 5-3　条件ごとの集団極性化 (Spears et al., 1990)

は，先に述べた SIDE モデルを実証した初期の研究として位置付けられています（Spears & Postmes, 2015）。

3 節　問題解決課題

　ハイタワーとサイード（Hightower & Sayeed, 1995）は，集団の構成メンバーが部分的な情報をもっている場合，集団討議を通してそれらの情報をうまく統合できるのか，それとも先入観によって議論が偏ってしまうかを，対面と CMC で比較する実験を行いました。

　用いられた課題は，マーケティング・マネージャーに応募した 3 名の候補者の履歴書を検討し，最適な人物を選出することでした。職務に適した 15 属性のうち，候補者 A は 10 属性でポジティブ，5 属性でネガティブであり，候補者 B と C はともに，7 属性でポジティブ，8 属性でネガティブでした。したがって，正解は候補者 A を選出することです。

　討論に先立ち，実験参加者には，3 名の候補者に関して部分的な情報しか与えられませんでした。CMC には，チャット機能と投票機能をもつ電子会議システムが用いられました。

　この実験では，(a) グループ（3 名）が対面か CMC か，(b) 情報共有率，(c) 情報負荷，の 3 要因が操作されました。情報共有率に関しては，15 属性に関する情報のうち，個々人に与える部分的な情

報量がグループ内で共有されている割合を，60％と33％の2種類に設定されました。一方，情報負荷の高い条件では，問題となる15属性に加え，職務とは無関係な5属性の情報が追加されました。

従属変数は，最終的に選出された候補者をサポートするような，バイアスがかかった発言の強さでした。具体的には，(a) 最終的な選出結果を支持するような発言数の合計から，(b) 選出結果を支持しないような発言数の合計を引いた値が用いられました。

討議の結果，客観的には最適である候補者Aを選出できたのは，31グループのうち，3グループ（対面で2，CMCで1）にすぎず，28グループ（90.32％）が候補者Bを選びました。ほとんどのグループにおいて，討議にバイアスがかかっており，個々人に与えられていた部分的な情報を適切に統合できなかったことがわかります。

バイアス発言指標の値は，CMCで対面よりも顕著に高く，2.32倍でした。情報共有率がバイアス発言指標に及ぼす影響に関しては，60％共有条件のほうが33％共有条件の2.05倍でした。また，バイアス発言指標の値は，情報負荷が高い場合のみ，CMCで対面よりも顕著に高いことが示されました。

ほとんどのグループで適切な情報の統合ができなかった点は重要ですが，対面かCMCかに依存しない当該課題の特質といえます。重要な知見は，(a) CMCで対面よりもバイアス発言が顕著に多かった点と，(b) CMCにおいて，高い情報負荷が多くのバイアス発言を生じさせたことです。つまり，個々人の情報を統合する課題の場合も，先に説明した選択ジレンマ課題と同様に，CMCにおいて集団極性化が生じやすいことが実証されたといえます。この実験課題は，3名の候補者から1名を選ぶという形式で，選択肢に質的な違いがあるため，先に自分で設定した意見を変更しようとしない「現状維持バイアス（status quo bias）」が働いた可能性もあります。

4節　アイデア創出課題

1. ブレインストーミング

集団によるアイデア創出法として，オズボーン（Osborn, 1953）が提唱したブレインストーミングがよく知られています。この手法

は，集団メンバー間の相互作用から連鎖的に独創的なアイデアを引き出し，対面集団におけるアイデア生成を，質的・量的に改善することを目的としています。

人数は，特に制限はありませんが，5〜10名程度が望ましいとされ，司会者と書記を各1名設定します。ブレインストーミングの実施にあたって，次の4原則を守る必要があります（川喜田，1967）。

①<u>批判厳禁</u>：どんな意見が出てきても，それを批判してはいけません。批判があると良いアイデアが出にくくなります。
②<u>自由奔放</u>：こんなことを言ったら笑われはしないか，などと気にせず，思いついた考えをどんどん言いなさい。つまり，自己規制をしてはいけません。
③<u>量を求む</u>：いろいろな角度から，できるだけ多くのアイデアを出しなさい。
④<u>連想と結合</u>：他人の意見を受けて，さらにそれを発展させましょう。他人の意見から触発され，他人と自分の意見を結合しなさい。

なお，発散的にアイデアを出し合った後には，アイデアを統合し，評価する作業が必要です。当初，ブレインストーミングによって，平均すると個々人は，1人で作業する場合の2倍のアイデアを生み出せると主張されました。実際，対面集団におけるアイデア生成を質的・量的に改善するという目標に対して，ブレインストーミングを採用した集団では，遂行成績が改善されたという報告があります（McGrath, 1984）。

2．名義集団と対面集団

ブレインストーミングのルールに従うように指示は受けますが，グループ化を経験せず，個々人が別個にアイデア生成を行い，全員のアイデアを単純に集約する条件設定を「名義集団（nominal group）」とよびます。名義集団の遂行成績と，グループ化してブレインストーミングを行った集団の遂行成績を比較した研究が行われました。名義集団では，ブレインストーミングがアイデア生成に有効なプロセスと見なしている，メンバー間の相互作用が完全に欠落しています。

しかし，両者を比較した実験の結果，名義集団の遂行成績は，ブレインストーミング集団の成績を質的・量的に上回ることが明らかになりました（Taylor et al., 1958）。つまり，ブレインストーミングを行うために会議室に集まる必要はなく，個々人がブレインストーミングを行い，その結果を整理した方が，より効率的に多量で独創性に富んだアイデアが得られることになります。

3. アイデア創出の阻害要因

集団における活発なアイデア創出を阻害する要因として，評価懸念，ただ乗り，生産マッチング，発話ブロッキングの4つを挙げることができます（Stroebe & Diehl, 1994）。評価懸念とは，他者からのネガティブな評価を恐れて，独自で新奇なアイデア提示を積極的にできなくなることをさします。ただ乗りとは，他のメンバーが貢献することを期待し，自分が努力しないことです。生産マッチングとは，他人の考えに自分の発想を合わせてしまうことをさします。

発話ブロッキングは，集団討議で1度に1人しか発言できない点に起因します。つまり，その時に思いついた自分の考えを失念したり，その考えを保持するため他のアイデアを考えられなくなったり，話すタイミングを失ってしまう訳です。研究の結果，対面場面で最もプロセスの損失に影響するのは，発話ブロッキングであることが明らかになっています。

4. 電子ブレインストーミングシステム

こうした阻害要因を取り除き，効率性を向上させるため，CMCを踏まえたシステムの研究が行われ，様々な電子ブレインストーミングシステム（Electronic Brainstorming System: EBS）が開発されました。EBSは，コンピュータ端末を通して複数のメンバーが同時にメッセージを入力でき，先の発言記録の閲覧が可能となるように工夫されています。図5-4に，実験で用いられたEBS画面の例を示します（塚本・坂元，2001；日本心理学会と著者の許可を得て転載）。

実験の結果，EBSを用いた条件では，対面集団や名義集団よりもアイデア創出の遂行成績が質的・量的に優れていたとの報告があります（Gallupe et al., 1994；塚本・坂元，2001; Valacich et al., 1994）。

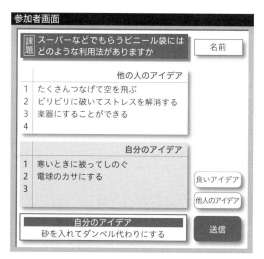

▲図 5-4　電子ブレインストーミングシステム画面の例
　　　　（塚本・坂元，2001 を改変）

　こうした研究を通して，EBS がアイデア創出において効果的である理由は，先に述べた発話ブロッキングを回避できる点にあることが確認されました。

　また，バラシッチら（Valacich et al., 1994）は，3〜18人集団を比較した実験を行い，EBS では集団の人数が多くなるほど，アイデア創出の遂行成績が向上したと報告しています。対面集団であれば，人数が多くなるほど，発話ブロッキングや評価懸念が生じて，遂行成績は低下します。しかし，EBS ではそうした妨害要因を克服し，人数の増加によるプラスの側面を，積極的に活用できる可能性があります。このように，アイデア創出課題において，CMC は理論的にも実証的にもかなり有効であることが示されました。

5 節　研究の展開

　ここで，やや発展的な研究例として，討議型民主主義に関する議論と，CMC における職位の影響を精査した研究を紹介します。オープンで小規模な組織や職場では，討議型民主主義に近い形態が実現されているはずですから，本シリーズの趣旨に合致していると思います。

また，後者の研究は職場における CMC の実態を示唆しており，従来の主に学生を実験参加者とした研究とは異なる傾向を示しています。

1. エンクレーブとサイバーカスケード

　法学者のサンスティーン（Sunstein, 2001）は，討議型民主主義とインターネットについて詳しく論じており，いくつかの重要な概念を提起しています。彼は，これまで説明してきた集団極性化を非常に重視しており，その実例として，次のようなケースを挙げています。

　　①討議後に，穏健派フェミニスト女性がさらに過激になる。
　　②討議後，人種差別傾向のあった白人は，人種差別主義がアフリカ系アメリカ人にとって困難な状況を生み出しているかとの問いに，より否定的に回答する。

　彼は先に紹介したスピアーズら（Spears et al., 1990）やハイタワーとサイード（Hightower & Sayeed, 1995）の実験を，インターネット環境で集団の分裂が発生することを示唆する重要な証拠として引用しています。
　さらに，彼は集団極性化現象とともに，「エンクレーブ型討議」（enclave：閉鎖化したグループ）が，インターネットが過激化する温床になると指摘しています。エンクレーブ型討議とは，孤立した傾向にあるグループ内で，同じ考え方の人々が仲間内で議論を繰り返すことをさします。
　エンクレーブと密接に関連したもう１つのキーワードは，インターネットにおける「フィルタリング」です。フィルタリングとは，情報をあらかじめふるい落とすことであり，自分に興味のある情報だけが届くように操作することです。この概念は，心理学で積極的に研究されてきた，既有の態度に基づいて人々がメディアへ選択的に接触する行動や，態度や状況を変更することを避ける現状維持バイアスと密接に関係しています。
　さらに，サンスティーンは，集団極性化現象が，「サイバーカスケード（cyber cascade）」と彼が名付けた現象と密接に関係すると主張しています。カスケードとは，本来，連続した滝とか，次々に起こる

反応といった意味ですが,彼は「雪だるま効果」という比喩も用い,人々が一団となって押し流されて行く様子を活写しています。サンスティーンは,インターネットは間違いなくカスケードの温床であるとし,政治・社会問題の例を数多く挙げています。サイバーカスケードは,インターネットにおける「フレーミング (flaming：炎上)」という問題に直結していますが,この点に関しては,第1章3節を参照してください。

2. 参加均等化の実態

　従来,CMC では対面に比べて,社会的な上下関係などによる影響が小さくなり,発言が均質化する傾向があると報告されてきました。つまり,CMC では,年齢,性別,地位といった社会的手がかりが欠落することが多いため,コミュニケーションの心理的な抵抗感が小さくなり,発言数の均一化が生じると解釈されました。

　例えば,キースラーとスプロール (Kiesler & Sproull, 1992) によれば,対面集団と比較して,コンピュータ会議を用いた集団では,会議への参加度がメンバー間で均等化しやすいと述べています。しかし,実際の組織行動を長期間にわたって精査した研究では,社会的地位が CMC に大きな影響を及ぼすことが示されました。

　サウンダースら (Saunders et al., 1994) は,病院管理者,医師,看護婦が,教師とともにコンピュータ会議を用いた5か月にわたる教育プログラムに参加した発言内容を分析しました。その結果,職業上の地位は総体的な発言の頻度や,相互交流的な発言数と強く関連しており,特に病院管理者,医師といった地位の高い者のほうが,メッセージを発したり受けたりする頻度が,顕著に高いことが示されました。

　したがって,CMC によって社会的制約が弱まるのは,匿名集団の場合や,学生を参加者とした実験場面に限られる可能性があり,職場など,匿名ではない現実場面では,発言の均質化は生じにくいと考えられます。つまり,当然といえば当然ですが,組織における地位の差は,匿名ではない CMC の場合でも維持されます。

6節　職場における集団課題遂行を支援するシステム

1. ウェブ会議システム

　本章の前半では，匿名集団によるCMCについても説明しましたが，職場のメンバーは匿名ではあり得ません。ただし，匿名CMCにおける行動特徴が，匿名ではないCMCにも影響を及ぼす可能性があります。

　集団の相互作用を支援するシステムは，集団内のコミュニケーションを支援するシステムと，意思決定プロセスを支援するシステムに区分できます。近年では，こうした個別の機能に特化するのではなく，自由度や汎用性の高い集団支援システムが，企業，官公庁，教育機関などに導入されています。

　テレビ会議では，参加者の非言語的コミュニケーションがかなりの程度可能であり，離れた場所にいるメンバー間の意思決定環境を，対面型の環境に近づけることができます。テレビ会議は広く普及していますが，多人数のメンバーが複数の会議室に集まる必要があります。

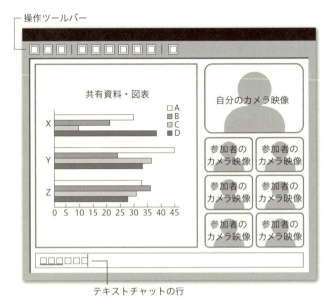

▲図5-5　web会議システムの画面イメージ

近年普及しつつあるウェブ会議であれば，自席からインターネット上で会議に参加することも可能です。そのため，オンラインで資料やアプリケーションを共有できる機能をもったウェブ会議システムが注目されています。

図5-5に，プレミアコンファレンシング社のReadyCastに基づいて作成した画面イメージを示します。このシステムは，アプリケーションの共有，デスクトップの共有，ファイルの保存・転送，画像ファイルの共有，チャット機能，電話回線との接続，録画といった機能を備えています。

2. グループウェア

コミュニケーションによって，私たちは情報を交換し，知識を共有することを通して，共同作業を進めることができます。共同作業の中でも,新たな価値を創造する過程をコラボレーション（collaboration：協調作業）といいます。組織内でメンバー間の情報共有やコラボレーションを支援するソフトウェアを，グループウェア（groupware）とよびます。

かなり以前から様々なグループウェアが試作されてきましたが，成功した例は多いとはいえません。グルディン（Grudin, 1989）はグループウェアの問題点をレビューした論文の中で，成功したグループウェアの1例として，現在も頻繁に用いられている電子メールを挙げています。ふつう，電子メールをグループウェアと意識して使用している人は少ないですが，使い方によっては協調作業を支援できる蓄積型グループウェアです（速水，2007）。

よく知られたグループウェアとして，1989年に初版がリリースされ，現在はIBM社から提供されているIBM Notes/Domino（旧Lotus Notes）があります。また,会社の業務に特化したグループウェアとして，日本のサイボウズ社から提供されているサイボウズOfficeが普及しており，このソフトには，協調業務を支援する多様な機能が豊富に備わっています(図5-6参照)。例えば，スケジュール管理,メッセージ，掲示板，ファイル管理，ワークフロー，メール，アドレス帳，報告書，プロジェクト管理，To-Doリスト（現在すべきことを書き出したもの),タイムカード,経費精算といった機能です。2010年から,

▲図 5-6　サイボウズ Office 起動時のトップページ

機能を限定した無料のサイボウズ Live が同社から提供されています。

　グループウェアと関連して CSCW (Computer Supported Cooperative Work) という言葉もよく用いられます。CSCW は，コンピュータによって人の協調作業を支援するという概念，あるいはそれに関する研究分野をさします（速水, 2007）。もともと，CSCW は，1986 年にはじめて開催された国際会議の名前でしたが，この会議が対象とした研究分野の名称として用いられるようになりました。

7 節　まとめ，仕事との関係

1. 全体のまとめと社会情緒的発言

　本章では，集団による課題遂行として，意思決定，問題解決，アイデア創出の 3 つを取り上げ，CMC と対面を比較した実験的研究について比較的詳しく説明してきました。大まかにまとめれば，意思決定や問題解決においては，CMC のほうが集団極性化が強まり，特に意思決定プロセスでは，意見が発散する傾向もみられました。これに対して，アイデア創出では，CMC のほうが対面よりも遂行成績が質・量ともに向上する可能性が示唆されました。

　意思決定と問題解決については，もう少し補足する必要があります。CMC は対面に比べ，課題志向的になりやすく，社会情緒的発言が少なく，課題遂行後の満足感が低いことが知られています。この 3 点は相互に強く関連しています。

対面では，同意・非同意や，明確化，さらに，冗談といった緊張をほぐす発言がみられますが，CMC では示唆や方向付けを与える課題志向的な発言が多くなります。社会情緒的発言は，場の雰囲気を和らげ，コミュニケーションを円滑にします。良好なコミュニケーションを維持するには，社会情緒的発言が必要ですが，もともと課題志向的な CMC では，社会情緒的発言が非常に少ない点に留意しなければなりません。

　繰り返しになりますが，CMC では非言語的情報が欠落します。対面の会議では，表情，アイコンタクト，身振り，うなずき，声のトーンなど様々な情報を活用できます。これが，社会情緒的発言と相互作用して，場の雰囲気を作り出しています。

　電子メールなどでも，社会情緒的側面を補うために，顔文字がしばしば用いられます。欧米型の顔文字は，emotion（感情）と icon からの造語であるエモティコン（emoticon）とよばれています。最近普及した，ソーシャル・ネットワーキング・サービス（SNS）の1つである LINE でも，種類が豊富なトーク用のイラスト（スタンプ）が頻繁に用いられています。

2. 仕事との関係

　現在，ほとんどの職場でコンピュータやインターネットが使われており，集団による課題遂行を CMC と対面で比較した本章の内容は，職場の業務と深く関連しています。繰り返しになりますが，匿名 CMC の特徴が，匿名ではない CMC にも影響を及ぼす可能性があります。CMC を課題遂行に用いる場合の特徴は，以下のようにまとめることができます（中村，2002）。

　　①意思決定の質は対面と同等，または，劣ります。
　　②意思決定の満足度は低くなる傾向があります。
　　③参加均等性は表面的には向上しますが，集団における地位の差や，それによる影響の不均等性はなくなりません。
　　④課題志向性が高いため，課題遂行の生産性は高くなりますが，社会情緒的発言を欠くため，誤解，緊張，葛藤が生じる可能性があります。
　　⑤集団メンバーが，情報を不均等にもっている場合に，情報の統合化

が難しい傾向があります。

　したがって，CMCの手軽さは大きな魅力ですが，当面の課題の遂行に向いているかどうかを十分に考慮し，対面や電話によるコミュニケーションも重視すべきです。

　職場では，比較的重要度の低い合意を行ったり，会議を開く時間的な余裕がない場合などに，当該集団のメーリングリストを用いた稟議(りんぎ)がしばしば行われます。その際，申請者のメッセージに曖昧な表現があると，フレーミングに近い状態が発生することは，決して珍しくありません。誤解して強い発言をしたメンバーが，後でその相手に直接面談して謝ったりすることもあります。このように，実社会では，CMCと対面状況は連続しており，必要に応じて使い分けられています。

　ワークシステムモデル（Carayon & Smith, 2000）は，第1章でも紹介しました。ここでは，本章の問題を整理するために，拡張したワークシステムのモデルを図5-7に示します。グループが課題を遂行する際には，タスク，テクノロジーとツール，組織の目標，職場環境といった5つの要因が相互作用しています。グループで時間をかけて共同作業を行い，その遂行結果は質と量で評価されますが，個々人の満足度や達成感という側面も重要です。遂行結果は，組織の目標達成と直結しています。さらに，こうした遂行プロセスと遂行結果が，

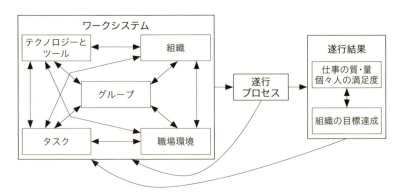

▲図5-7　拡張したワークシステムのモデル（Carayon & Smith, 2000を改変）

ワークシステムにフィードバックを与えます。

　インターネットやコンピュータに基づく新しいテクノロジーは，急速に発展しています。しかし，そうしたテクノロジーやメディアを使うのは，昔と変わらない生身の人間であり，組織の形態もそれほど大きく変化していません。職場では，本章で扱った意思決定，問題解決，アイデア創出にとどまらず，1節で述べた様々なタイプの課題を並行して遂行します。また，その課題遂行も長期間にわたります。先に述べた実験的研究とは異なり，組織には地位の違いや複雑な人間関係があり，CMCを使ったとしても，それらを無視することは決して許されません。人間や集団の心理に関しては，過去の膨大な研究の蓄積があります。職場で実際にCMCを使用する際には，本章で説明したような集団心理，ICTの特質，そして両者の相互作用を十分に認識する必要があります。

現場の声 7

心理学出身のデータアナリスト職の強みと弱み

　私は現在，アビームコンサルティング（以下，アビーム）というコンサルティング会社で，いわゆるデータサイエンティスト（≒データアナリスト）として活動しています。ここでは，私の略歴から現在の職務の内容を簡単にご紹介した後，心理学領域での知識や研究経験の生かしどころについての私の経験や意見を皆さんにお伝えしたいと思います。

　心理学の研究職出身のコンサルタントというのはそれほど多くなく，4000名弱の社員が在籍しているアビームの中でも心理系の博士号取得者は私だけだと聞いています。大学院を出た後研究所に勤めたこともありましたが，官庁での研究経験などを機に実社会にデータを生かすことの面白さに気づき，製薬系企業でのデータ解析業務を経て現職にいたりました。

　簡単に所属企業を説明します。コンサルティングというと，企業などへのアドバイスやサポートを行う広範な業務全般をさします。その中でもアビームは会計系とよばれ，会計事務所に端を発し非常に広いサービスを提供している比較的大規模な会社です。ほぼすべてのコンサルティングサービスを揃えているため総合系ともよばれます。

　私はその中でも比較的最近創設された，企業のデータ解析・データ活用等を担当するデータ系の部門（BIセクター）に所属しています。例えば，継続契約を増やしたい，事故を減らしたい，優良な職員を育てたい，などの様々な要望に対し，主にデータの力でどのようなソリューションが提供

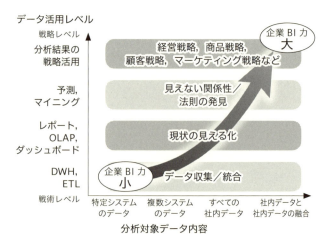

アビームコンサルティング社BIセクターのサービスコンセプト

できるか日々苦闘しています。

　データを解析して問題を特定し，何らかの報告にまとめるという部分においては心理学研究とこの仕事は似ている部分も多くあります。同僚にはマーケティング出身者や工学・情報系の研究出身者が多いのですが，マーケティング出身者に比べては研究レベルでの古典統計などの知識の部分で，情報学などの理論的な研究出身者などに比べては，実験・調査などから得られる必ずしも整備されていない実データの取り扱い経験の部分が強みとなっていると思います。また，コンサルティングでは，忙しい顧客に対し，いかにわかりやすく簡潔に説明するかがとても重要ですが，情報処理そのものが専門でない私のような立場の人間のほうが，比較的そのような思い切って単純化した説明に適用しやすいようです。そういった意味では，心理学などのデータを用いる応用研究の経験者がビジネスデータ分析の領域で活躍する余地は大きいと思っています。また，一般に思われているほどには，ディープラーニングなどの高度なデータ処理の知識だけが必要とされているわけではないことも付記しておきます。

　心理学研究と似通った部分があるとお話しましたが，もちろん異なる部分も多くあります。一番大きな違いは，コンサルティングでは顧客の求めるものは解析結果それ自体ではなく，顧客が抱える問題へのソリューションだということでしょう。どうしても研究出身者は現在あるデータからいえる範囲で，さらに問題を指摘するレベルでの仕事をしてしまいがちであるように思います。私も当初相当戸惑いましたが，やはり相手あっての仕事ということで顧客の要望をよく聞いて仕事をするよう心がけています。

　顧客の問題の分析という意味では，社会心理学などの知識が生きることもありますが，私個人の感想としては，コンサルタント歴の長い方のほうがコンサルティングに役立つ基礎知識は当然多いため，心理学的な要素であってもむしろこちらが勉強することが多いように思います。

　最後に私の経験を踏まえた個人的意見を申し上げておきます。過去様々な領域の博士・修士号取得者と仕事をする機会があり，またそのうち何人かの採用にも関わってきました。その中で，入社後活躍できる研究経験者とそうでない人の間には，共通した差異がある気がしています。それは，自分の過去の知識や経験に対するこだわりです。過去の知識や経験に過剰にこだわる人は例え能力があっても仕事を頼みにくく，成長も遅いように感じます。博士人材等が職場で活躍するためには，過去の経験や知識を生かして仕事をしようという心構えではなく，1つの道を究めた経験を生かして入社後新しい分野への適応をどんどん図るべきですし，周囲もそれを納得させて入社させねばならないと思います。これについては，採用側にも問題があることが多いため，企業に移る際は相手の経験に応じて双方の業務意識をすり合わせることをお勧めします。

現場の声 8

自動運転における認知的負荷と注意

　自動運転の実用化に向け，自動走行システムの研究開発が，世界中の民間企業や研究機関で盛んに行われています。自動運転は，交通事故の減少や渋滞の緩和，高齢者や障がい者などの交通弱者支援といった社会的なメリットをもたらすと考えられています。一方で，運転の主体が人からシステムに変わることにより，従来の研究からは予測できない様々な問題が起こり得ることも考えられています。未だシステム単独での完全な自動運転は技術的に困難で，人とシステムとの協調が求められる現段階において，よりいっそう「人」を対象とした研究の重要性が高まっています。

　自動運転が実現した場合，ドライバは運転行動から完全に解放されるのでしょうか？　複数の自動化レベルの定義において，最終的なレベルではドライバが運転行動へ関与しない状態が想定されています（NHTSA, 2013）。しかし，それまでのレベルではドライバの運転行動への関与が必要となります。運転行動への関与は，アクセルやブレーキの操作など，必ずしも車の制御に関わる操作だけをさしません。路面環境のモニタリングや，対向車・先行車の様子を確認することも運転行動の一部と考えられています。すなわち，完全な自動運転が確立するまでは，ドライバは運転中，交通環境へ注意を維持することや，自動運転から手動運転へ切り替えることが求められます。

　完全な自動運転への過渡期である現在，自動運転時の注意や手動運転への切り替えの失敗について検討することは重要です。そこで我々は，自動

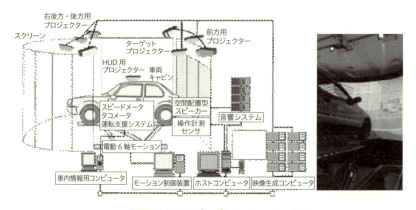

産総研のドライビングシミュレータの概要

運転から手動運転への切り替えのスムーズさの変化について検討するため，ドライビングシミュレータ（図）を用い，自動運転中のドライバに認知的な負荷のかかる課題を求めました。この実験では，ドライバは自動運転中に難易度の異なる認知的課題に取り組みながら，自動運転から手動運転への切り替えを行いました。下図は，運転の条件と，手動運転への切り替えにかかった時間を表しています。認知的課題に取り組まなかった群は，3秒ほどで手動運転へ切り替えることができましたが，低難易度の認知的課題に取り組んだ群は4秒ほど，高難易度の認知的課題に取り組んだ群は5秒ほど時間がかかることがわかりました。

この実験では，ドライバの視覚を遮るような操作を行いませんでした。すなわち，ドライバはスクリーンに表示された路面環境や手動運転への切り替えの合図を見ることができていたにもかかわらず，スムーズな切り替えができなかったことを示唆します。運転中の視覚的な情報は莫大で，ドライバは運転行動に関わる適切な情報を選択的に取得しなければなりません（自動車技術会，2016）。適切な情報の認識には，受動的に視覚的な情報が取得されることではなく，対象へ能動的に視覚的な注意を払うことが必要です。したがって，運転中の課題による認知的な負荷は，手動運転への切り替えの合図に対する注意を阻害し，そのため手動運転への切り替えが遅延したと考えられます。

自動車が動作するメカニズムは外からはわかりませんが，同様に人の認知的な働きも目に見えてわかりません。運転行動だけでなく，人の関わる様々な場面・環境の根底には，人の複雑な認知的メカニズムが介在します。その根底で働くメカニズムを考え，解明する力は，広範な領域で強く生かされることでしょう。そのような能力を身につけられることが，心理学を学んだ人の強みであると考えます。

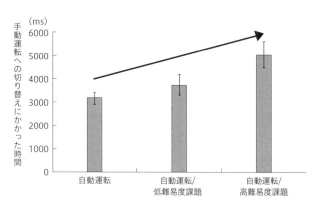

認知的な負荷による手動運転への切り替えにかかった時間

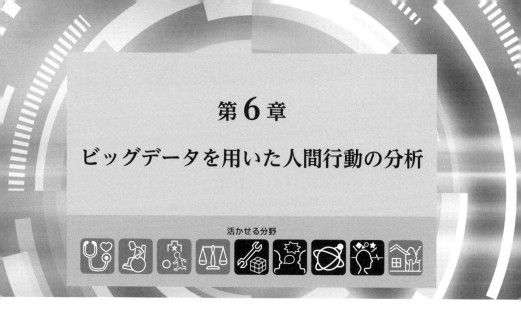

第6章
ビッグデータを用いた人間行動の分析

1節　サービスや製品を通して取得されるビッグデータ
1. 日常生活を通して取得される人間行動データ

　現在，私たち生活者の行動は，恐ろしいほどに様々な場面で計測され，データとして蓄積されています。例えば，私の普段の生活を振り返ってみると，朝に自宅を出て駅に向かうまでに，いくつもの防犯カメラに写っているでしょう。そして，駅の改札で乗車カードをタッチすれば，当然，いつ，どこの駅を通ったかが記録されます。電車の中では，スマートフォンでFacebookやYoutubeをチェックするたびに，User IDによって，私がいつ何を見たかに関するデータが取得されています。それらのコンテンツやジャンルを人が見れば，私がどのようなものに関心があるのかがわかります。また，スマートフォンのGPSやWi-Fiがオンになっていれば，私が通った場所や時間も，様々な方法で第三者に記録される可能性があります。さらに，自宅や職場の近くのコンビニで弁当を買う際に提示する，ポイントカードを読み取った機械の向こうには，この数年間の私の購買履歴データが大量に蓄積してあり，時には，その場で，私が買いそうな商品の割引券が発券されます。ちなみに，このようなポイントカードはコンビニ以外でも使えるため，スーパーなど他のお店での購買履歴も取得されています。

一方，職場では，センサのついた社員証を使ってビルに入るため，私がいつどこを通ったかがわかります。また，オフィスでは，コンピュータを社内のインターネットに接続し，業務を行うため，もしもの際には，業務システムで私が入力した内容だけでなく，メールやウェブの履歴等，プライベートな行動まで調べられてしまうかもしれません。

　このように，現在，私たち生活者の行動は，知らないうちに，あらゆるところで，大量にデータとして取得されるようになりました。もちろん，それに伴って，個人情報保護やパーソナルデータの取り扱いルールは国際的にも厳しくなっていますが，これまでにない規模，種類の人間行動データが取得できるようになったことは事実です。そのため，心理学を研究する我々からすれば，このような状況は，ある意味，夢のような時代かもしれません。実際，私が学生の頃には，数十人の実験参加者を見つけるのにも苦労した経験があり，最近，ふと大量のデータを前に，本当に夢のような時代だなあと思うことがあります。

　しかしながら，そのような大量のデータが自由に使えたとして，心理学（者）は，人間の行動や心理をこれまでよりも格段に深く理解できるようになるのでしょうか？　さらに，それらのデータと研究成果を新しい製品やサービスの設計に活用することによって，どのように個々人の生活や社会をより豊かにすることができるのでしょうか？

　本章では，私の現在の専門である，サービス工学という視点から，ビッグデータを用いて人間行動を理解するための方法について紹介します。そこでの重要なキーワードは人間の多様性です。何十万人分ものデータが利用できるこの時代に，人間の行動をたった1種類の標準的なモデルで表現し，理解することは，私には無理があるように思えます。しかしながら，人それぞれ無数に行動パターンが異なるかというと，そうとも思えません。そのため，現実的には，人間を，いくつかのカテゴリーに分け，その人口分布も考慮しながら，人間行動を理解することが，その後の製品やサービスを考える上で重要ではないかと考えています。

2. ビッグデータの種類と特徴

　ここまで議論してきたように，現在，人間行動に関する様々なデー

タが大量に取得できるようになってきましたが，それらをうまく活用するには，データの種類や特徴と，その限界を考えることが重要です．表6-1は，様々な機器やサービス，あるいは実験を通して得られる行動データの種類と，そこから何を読み取ることができるかについてまとめたものです．

　まず，近年，ビッグデータとよばれ，注目されている大規模データには，主に，位置情報や購買履歴情報，ウェブ上で書き込まれるテキスト情報，機器から自動的に取得されるログ情報などが含まれます．例えば，大手のスーパーマーケットは会員カードを使って，数百万人の顧客の数万アイテムに渡る購買履歴データを蓄積しており，これらは客観的な行動データです．ただし，ある顧客が，なぜ，その商品を買ったのか，何人の家族がいるか，また買われた食材がどのように調

▼表6-1　機器やサービス，実験を通して得られる人間データの種類と特徴

データの種類	データ規模（人）	データから読み取れる内容	データの主観性	データ取得・分析コスト
GPS，Wi-Fi	数千万	位置・移動履歴	客観的	低
会員カード	数百万	購買履歴，嗜好	客観的	低
コンテンツ配信サービス	数百万	視聴履歴，嗜好	客観的	低
SNSやWEB上の口コミ	数百万	自由な感想，意見，嗜好	主観的	中
カメラ	数万	画像，表情	客観的	中
生体活動センサ（歩数計など）	数万	生理情報，健康状態	客観的	中
アンケート	数千	（質問項目によってある程度，統制された）嗜好，価値観等	主観的	中
インタビュー	数十	人間性，価値観，意思決定の方法等	主観的	大
行動観測（エスノメソドロジー）・実験室実験	数十	観察による行動観測，実験室での実験	客観的	大

理されたのかまではわかりません。

　一方，コンテンツ配信サービスでは，テレビ番組や映画，音楽など，ユーザが視聴したコンテンツの履歴がわかります。そのような情報を見ると，その人の好きなジャンルや俳優，ミュージシャンなどが推測できそうですが，本当の趣味，嗜好はわかりません。私は以前，数千家庭分のケーブルテレビの視聴履歴データを分析したことがありますが，そこでは，時間帯や番組のジャンルから，視聴者の人物像をいろいろと推測できました。例えば，朝の10時頃に韓流ドラマが見られていれば，韓流スターが好きな主婦がいる家庭だな，とか，夕方にアニメが見られていると，小学生くらいのお子さんがいるのかな，といった一般的な知識を基にした推測です。ただし，その推測が当たっているかどうかを確かめるには，別の方法で，その家庭の家族構成やライフスタイルに関する情報を取得し，推測が正しかったかどうかを検証することが必要でした。このように，人間の行動の断片を大量に集められる時代になっても，その背景にある心理を読み取るためには，いわゆるビッグデータだけでは不十分な場合があることも事実です。

　そのため，表6-1の上のほうにある，数千万，数百万人規模のビッグデータが取得できたからといって，それだけでは十分ではないのです。人間の心理や意思決定をより詳細に理解するためには，たとえデータの件数は少なくなっても，仮説を検証するために質の高いデータが必要になります。

　例えば，アンケートはどうでしょうか？　最近，インターネット上でのアンケートシステムが高度化し，以前より安価に，早く，アンケートを実施することが可能になりました。具体的な数字を挙げれば，国内では，いくつかのネット調査会社を用いて，2，3千名規模のアンケートを，1週間程度，100万円程度の調査費用で行えるようになりました。アンケート調査は，ウェブ上の口コミ情報とは違って，完全に自由な意見を不特定多数が書いているわけではなく，ある程度の属性（年齢や性別，職業など）がわかる人たちが，あらかじめ用意した質問に答える形になっているため，後で，系統的に分析がしやすいというメリットがあります。ただし，このようなネット調査にはいくつかの欠点や課題があります。1つは，回答者がアンケートに真面目に答えてくれているかどうかわからないことです。もしかしたら，数

十％の人は，深夜に，ポイント稼ぎのために，ちゃんと質問項目も読まずに，適当に答えているかもしれません。他の課題は，質問項目の文章をうまく設計できないと，回答者が質問の意図を様々に理解してしまい，アンケート設計時に意図したことをうまく聞けていない可能性があることです。さらにアンケート調査のもう1つの大きな課題は，しばしば本当に対象としたい実験参加者を必ずしも集められないことです。一般的に，インターネットを利用したアンケート調査では60代以上の回答者を十分な人数，確保することが難しいことが知られています。これはデジタルデバイドとよばれ，コンピュータやスマートフォン等の利用に関する知識や慣れの世代間格差が原因です。このような場合には，郵送による紙のアンケートが必要な場合もあり，その分，コストもかかります。

また，例えば，ある種のことに関心が高い，もしくはある限られた条件を満たすモニタを大量に集めたい場合には，一般的なネット調査では十分なモニタ数を集められないこともあります。そのような場合には，例えば，アンケートの質問内容と関連する製品やサービスを行っている企業などに協力を依頼し，その企業会員を対象してアンケートを行うほうが，一般的なネット調査事業者のモニタを用いるより質の高いアンケートができる場合もあります。

さて，表6-1の最後のほうに載せたように，取得できるデータの規模は数十人と著しく小さくなっても，人間行動や心理を，より詳細に理解する方法として，インタビューや行動観察（エスノメソドロジー），実験室での実験参加者も依然として有効な手段です。これらの方法を用いるには，心理学に関する専門の知識や，調査や実験をうまく行うための経験やスキルが必要となりますが，統制された環境で，より客観的に仮説を検証することができます。別の言い方をすれば，簡単に取れてしまったデータがたくさんあるからといって，それを用いて人間行動を理解することには限界があり，努力をしてでも，取るべきデータを取らなければならないことがあるということです。また，主観的，客観的な側面を含め，様々な異なるデータを組み合わせて，総合的に人間の行動や心理を読み取っていくことが重要です。

2節　ビッグデータの活用に関連する学術分野

1. ビッグデータと産業

　近年，ビッグデータを用いて，生活者の行動を理解することは，サービス業，製造業の双方にとって重要になってきています。例えば，数百万件規模の購買履歴データを用いて，ある特定の顧客層に売れ筋の商品の特徴を分析したり，会員カードの情報を用いて，個々人にあった商品を勧めたりする仕組みは，現在，多くの小売業で利用されています。小売，飲食，宿泊など多くのサービス業に共通する最も重要な目標は，顧客のリピート率を高めることです。そのためには，顧客の嗜好や満足の構造を知り，新たなサービスを設計していくことが非常に重要です。また，実務的な課題として，生鮮食品を扱うスーパーマーケットやコンビニエンスストアでは，今日，何人の客が来店し，どのような商品を何個買うのかを予測できないと，発注がうまくいかず，多くの食材や弁当を廃棄することになってしまいます。そのため，客層ごとの購買行動をモデル化し，需要を予測すること（需要予測）が実務的に重要な課題となっています。

　一方，最近では，製造業においてもビッグデータの活用に関するニーズが高まっています。現在，様々な製品がインターネットにつながっており，このような現象は，Internet of Things（モノのインターネット化），略してIoTとよばれています。そこでは，IoTによって取得された実際のデータ（機器のログデータなど）を用いて，製品の使われ方を分析し，よりユーザが使いやすい製品やシステムを作りたいと考えられるようになってきました。製造業（メーカー）は，かつては製品を作ることだけが役割でしたが，最近では，自社で作った製品が，社会で実際にどのように使われているか，どのようなユーザの支持を得ているかを分析することによって，その知見を新たな製品開発に活かしたり，新たなサービスを直接，ユーザに提供したりすることを求められる時代になってきました。さらに，製造業では，ビッグデータの活用に関する具体的な実務課題として，マス・カスタマイゼーションやパーソナリゼーションとよばれる戦略が挙げられます。極端にいえば，以前の製造業は，より高い機能をもつ製品を，できるだけ低コストで製造することが至上目標であり，その後にどのような消費者が

購買し，利用しているかに関しては責任の範囲外でした。そのため，高い性能の製品を大量に作ることで，全体のコストを下げ，市場での優位性を確保してきました。しかしながら，実際のユーザの使用情報や嗜好に関するデータが取れてくる時代になると，ユーザの多様性に合わせながら，効率よく，いくつかの異なる機能（スペック）をもつ製品群を作ることが重要になってきています。マス・カスタマイゼーションとは，できるだけ大量生産するのと同じくらいの効率性（コスト）で，より多様な消費者のニーズに合わせた，いくつかの異なる製品群を作ることを意味します。一方，パーソナリゼーションとは，個々人の嗜好や要求に合わせて，機能を組み合わせ，個人に合わせた製品を作ることを意味します。しかしながら，一から個々人に合わせて設計，製造していては莫大なコストがかかるため，実際には，製品の機能をモジュール化して，組み合わせられるようにして，個々人にあったスペックを実現することになります。マス・カスタマイゼーションにしてもパーソナリゼーションにしても，なぜそれが製造業にとって大事なのかといえば，激化する国際的な価格競争の中で，より付加価値の高い製品を（できれば高い値段で）提供するためです。そのためには，顧客がどのような機能に魅力を感じているのか，そのような顧客は市場にどのくらいいるのかを知ることが重要です。また，サービスなどを通して，ユーザと直接，コミュニケーションする接点（チャネル）を増やすことで，製造業がサービス（産業）化することが求められる時代になりました。

2. ビッグデータの活用を支える学術分野

　それでは，ビッグデータを実際に分析し活用することには，どのような学術分野が関連しているのでしょうか？　ここではいくつかの学術分野を紹介します。

　まず，大きな背景となっている伝統的な学術分野としては，経営学（具体的にはマーケティング分野），心理学，統計学，情報工学などが挙げられます。マーケティング分野は，それ自体が企業活動の一部を表す言葉でもありますが，経営の立場から，顧客ニーズを理解し，顧客価値を高めるための理論や仕組み，プロセスについて研究を行っています。米国では，1937年にアメリカマーケティング協会が発足し，

その中心的なテーマの1つとして，消費者行動研究という分野が形成され，1969年にはAssociation for Consumer Researchという学会が発足しました。当然のことながら，この分野は，心理学とも深い関係があり，多くの心理学的な研究手法や理論が用いられてきました。ちなみに日本では，1992年に，日本消費者行動研究学会が発足し，設立趣意書には「経済学，心理学，社会学，統計学といった既存の学問領域における概念や方法論を援用するだけではなく，それらの境界領域において発展してきた行動科学，情報科学，経営科学，更に，近年では認知科学といった新しい学問分野と積極的に連携」すると書かれています。このことは，消費者行動を理解するためには，いくつもの学術分野を融合することが重要であることを示唆しています。さらに，日本では，1973年に日本行動計量学会という学会が発足し，様々なデータから人間行動を分析し，理解するための行動計量学という分野が確立されました。そこでは，データによって人間行動を定量的に理解する，という視点から，統計学や心理学が重要な学術的基盤となっています。また，経済的な場面での意思決定を対象とすることから，経済学と心理学が融合した実験経済学や行動経済学とよばれる研究分野も近年，着目されています。

　一方，ビッグデータを分析するためには，統計学に加え，情報科学や人工知能研究も非常に重要です。また，それらの分野の発展の背景には，インターネットやIT（情報技術）の飛躍的進歩が大きく関係していました。特に，GoogleやAmazonなどに代表されるような巨大IT企業の興隆によって，インターネット上でのサービスを支える技術や新たなビジネス戦略が重要になりました。そのような背景から，米国では1990年代より，サービス・サイエンスとよばれる分野が，IBM社を中心に提案され，その後，多くの大学との連携により，ITと経営の双方の知識をもつ人材の育成が国家的に進められました。そこでの中心的な研究テーマの1つは，ビッグデータの流通を支えるITシステムの設計でした。またITビジネスが普及していくにつれ，ビッグデータを用いた様々な業務支援サービスも発展してきました。例えば，企業がもつ業務データや顧客管理データなどをクラウド上で管理し，必要に応じて，様々な分析結果を提供するようなサービスがあります。最近では，Microsoft社やIBM社，salesforce.com社な

どが，高度な統計分析や機械学習技術（人工知能技術の1つ）をクラウド上で提供したり，分析結果を簡単に可視化したりするサービスを世界的に展開しています。

　サービス・サイエンスと関連して，日本でも，2000年代半ばよりサービスに関する研究分野の重要性が大きく着目されるようになりました。それまで日本では，製造業を支える研究分野や教育分野は大学に多くありましたが（機械工学，生産工学など），サービス産業を支える研究分野は経営学やマーケティングの分野を除いて，非常に少数でした。現在，サービス産業は日本のGDPの約7割，就業人口の3/4を占める主要産業であり，今後もサービス産業の比重が大きくなっていくことが予測されています。

　ただ一口にサービス産業といっても，そこには多くの業種，業態が存在します。例えば，金融・保険業や情報コンテンツサービスもサービス業の1つですし，一方で，医療・福祉などの公的サービスも含まれます。図6-1に示したサービス産業の分類では，縦軸にサービスを享受する対象（個人，組織，社会）と横軸に労働集約型か資本集約

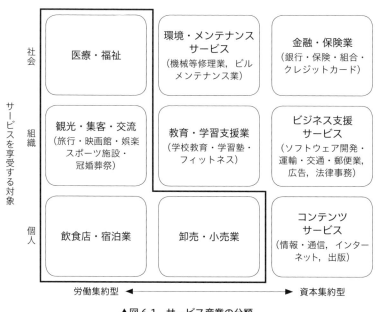

▲図6-1　サービス産業の分類

型かという産業の特徴を示しています。労働集約型とはサービスの提供が人に依存しているもので，そのため多くの従業員と顧客が含まれます。一方，資本集約型のサービスというのは，コンテンツのように複製が可能であったり，顧客の規模が増えても提供する従業員の数はそれほど増えなくてもビジネスを提供できるサービスのことを示しています。

　日本では，2006年頃から，特に，小売，飲食，宿泊，介護等のサービス産業の労働生産性が，米国などと比較して非常に低いことが国家的課題と認識されてきました。そこでの有識者の素朴な指摘は「サービス産業は経験と勘に頼りすぎているのではないか？」「もっと科学的な方法論を導入すべきだ」といったものでした。そのような背景から，科学技術を用いたサービス産業の生産性向上が国家的な課題となり，2008年には，筆者が所属する産業技術総合研究所に，サービス工学研究センターが設立されました。サービス工学という名称は，サービスに「工学」がついていますが，これにはサービスの観測→分析→設計→適用（→観測に戻る）というループを一貫して研究するという思いが込められています。しかしながら，図6-1の中に枠で囲われたサービス工学の研究対象である労働集約型サービスには多くの人間的要素が含まれるため，データに基づく人間（顧客や従業員）行動の観測，分析，サービスの設計，適用が研究上，非常に重要な要素となっています。そのため，サービス工学には，情報学，設計工学，心理学，統計学，人工知能など多くの分野の研究者が従事しており，共同で研究を進めています。

　次節では，サービス工学の研究例として，生活者のライフスタイル分類と，それをビッグデータと組み合わせた分析例について紹介します。

3節　生活者のライフスタイルとサービスの利用

1. ライフスタイルの理解と分類

　1節で少し述べたように，数千万，数百万人の行動データが取れる時代になった現在，多様な人間の行動を理解するためには，人間の心理や行動パターンを，1種類ではなく，いくつかのカテゴリーに分類

して理解することが有効だと考えられます。また，購買履歴データでは，その人が買ったものがわかっても，なぜ，その商品を買ったかまではわからないため，その行動の奥にある動機やニーズを理解するためには，何らかの方法で，人をいくつかのカテゴリーに分けて理解することが重要になってきます。従来，マーケティングの分野では，顧客を年代や性別，年収といったデモグラフィック情報によって分類し，どの層をターゲットとして商品開発を行うか，などの研究を行っていました。しかしながら，近年，消費者のニーズはますます多様化しており，例えば同じ50代男性であっても，趣味，嗜好や考え方，暮らし方は様々です。そのため，人間を属性などの外形的な要素で分類するだけでなく，心理的，行動的な生活スタイル（ライフスタイル）に着目しながら分類し，理解する方が，日常生活での行動を理解するために有効であると思われます。

そこで，私たちは，これまで，延べ10万人を超えるアンケートを行うことによって，生活者のライフスタイルを5つくらいの因子で表現する方法を研究してきました。

図6-2にその方法論の概念図を示します。私たちが開発したライフスタイルアンケートは年齢や性別といったデモグラフィックな質問以外に，15問ほどの必須項目と，研究の目的に合わせた10問ほどの追加の質問項目で構成されています。そこには，パーソナリティー（性格）を，Big5といわれる5つの要素（外向性，協調性，情緒安定性，勤勉性，経験開放性）に基づいて質問する項目や日常生活での価値観や行動パターンに関する質問項目が含まれています。次の1〜12はその質問項目のうち，筆者らが必ず用いる質問項目の例です（小柴ら，2013）。

1. 少々高くても健康に良いものを買う
2. 毎日の生活が充実している
3. 明るくなったり暗くなったり気分が変わりやすい
4. 新しいことを体験することが好きだ
5. 新しい商品や話題の商品があると，試しに買ってみる
6. にぎやかなところが好きだ
7. 無駄遣いが多い方だと思う

8. 家計簿をつけている
9. 几帳面である
10. 料理をするのが好きだ
11. 仕事が忙しく，プライベートの時間が取りにくい
12. 自分の健康に不安を感じる

例えば，3万人規模の調査結果によると，30％弱の人が，「1. 少々高くても健康に良いものを買う」に「どちらかというと当てはまる」，あるいは「非常によく当てはまる」と答えます。一方，「8. 家計簿をつけている」に「非常によく当てはまる」と答えた人は全体の10％でした。このように，まず大まかな回答分布を知っておくことは，後に新たなビジネスを考える上でも重要です。

最終的には，25問ほどの質問項目を因子分析とよばれる統計手法によっていくつかの因子（類似した意味をもつ項目群）に分けます。また，その因子の強さを標準化された得点で表現することで，最も強

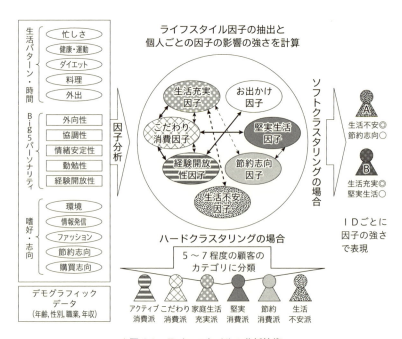

▲図6-2　ライフスタイルの分析技術

い因子の特徴でその人を表したり（これをハードクラスタリングとよびます），5つの因子得点それぞれの強さで，その人を表現したり（これをソフトクラスタリングとよびます）できるようになります。

2. ライフスタイルと購買行動の分析

ここでは，スーパーマーケットの会員約4000名を対象として，ライフスタイル分析を行った結果例を紹介します。

表6-2には，スーパーマーケット利用者4000名のライフスタイルが6つの因子で表現されています（Takenaka et al., 2013）。ここでは，ハードクラスタリングを用いて，個々人は，最も特徴的なライフスタイル因子で「～派（タイプ）」として表現されています。例えば，アクティブ消費派は，先の質問項目のうち，4，5，6の質問によく当てはまると答えており，堅実消費派は8，9の質問には当てはまるが

▼表6-2　ライフスタイル分析例（Takenaka et al., 2013）

ライフスタイル因子	ライフスタイル因子の特徴	顧客数	平均客単価	来店頻度（週）	60代以上の顧客（%）
こだわり消費派（C）	高くても健康なものを選び，バランスの良い食事がとれている	517	107%	3.5	68%
家庭生活充実派（FL）	弁当を作ることがあり，料理好き	579	105%	3.4	64%
アクティブ消費派（A）	外交的で，新商品や話題の商品は試しに使ってみる	654	102%	3.3	52%
節約消費派（E）	チラシを見てお得な商品を買い，安ければ少々遠くでもいく	573	90%	3.7	47%
堅実消費派（P）	几帳面で，無駄遣いはしない。家計簿をつけている	803	98%	3.3	64%
生活不安派（B）	忙しく，スーパーでの買い物は早くすませたい。健康に不安がある	854	100%	3.5	48%

7には当てはまらない人として表現されます。

ところで，表6-2の右側に示した平均客単価，来店頻度，60代以上の顧客比率の数値は，このアンケートから取得したものではなく，この4000人の会員の過去1年間の購買履歴データから得られた結果です。さらに，ここで検証したかったことは，アンケートによって明らかになったライフスタイルと，実際の購買行動との関係を明らかにすることでした。図6-3は，それぞれのライフスタイルカテゴリーの人たちが，実際に1年間に購買した食品の平均値からのズレとして表したものです。この結果から，例えば「家庭生活充実派の人たちは（料理が好きなので）豆腐やスパイスをよく購買している」「節約消費派のカテゴリーの人たちはパンをよく購買する（このスーパーは低価格の食パンを提供しているからだと推測されます）」などの知見が得られました。これらは驚くような結果ではありませんが，定量的にライフスタイル別の行動の違いを表すことによって，行動の背景にある動機やニーズを理解することに役立ちます。

ここで紹介した研究手法は，アンケートを通して得られた主観的なデータと購買履歴データから得られた客観的なデータを組み合わせることによって，購買履歴データからだけではわからない，生活上の文脈や個人の特性（ライフスタイル）を理解しようとするものでした。もちろん，中には，主観的な回答（アンケート結果）と実際の行動（購買履歴）がちぐはぐな人も中にはいるでしょう。ただ，顧客をいくつかのカテゴリーに分けて理解することで，カテゴリーごとの全体的な傾向や人数分布が明らかになることは，スーパーマーケットでの商品

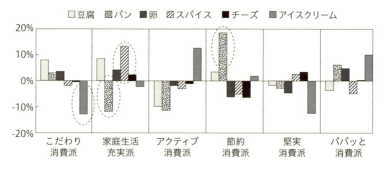

▲図6-3　ライフスタイル別のスーパーでの購買行動　(Takenaka et al., 2013)

の品揃えやマーケティング戦略を考える上で非常に重要なデータとなります。

4節　顧客満足度と従業員満足度の関係

1. 従業員満足とは何か？

　サービス工学では，サービスの価値を高めることを目的としており，顧客の行動を分析するだけでなく，サービスを提供する従業員も重要な研究対象になります。現在，小売，飲食，介護，美容など多くのサービス業において，多くのサービス事業者が抱える最も大きな経営課題の1つは，サービスを支える従業員の採用と離職防止です。現在，少子高齢化，人口減少を背景として，飲食業をはじめ多くのサービス業を中心的に担ってきた若い労働人口が減少しています。このような状況では，労働負荷を減らしたり働きやすい環境を整えることで，より広い世代に，持続的にサービス産業を担ってもらうことがたいへん重要な課題となっています。それでは，従業員満足とはどのように理解できるのでしょうか？

　従業員満足に関する研究は古く，1930年代にまでさかのぼります。また，従業員満足を示す用語として，英語では，Job satisfaction, Employee satisfaction, Employee engagement など，いくつかの用語が使われてきました。従業員満足がこれまで着目されてきた理由の1つは，サービスを提供する従業員の満足が，顧客満足に大きな影響を与えているからです。1994年にジェームズ・ヘスケットらが提案した「サービス・プロフィット・チェーン」理論では，従業員満足が高まれば，サービスの提供品質が向上し，それが顧客満足の向上につながり，結果として企業の収益も増加する，という好循環を示唆しています。この理論は多くの経営者に実感をもって受け入れられ，近年，覆面調査（訓練を受けた調査員が一般の客を装い，サービスを調査，評価する手法）等を用いた顧客満足度調査や従業員満足度調査を積極的に実施し，経営改善に活用する企業が増えています。

2. 従業員満足の構造

　筆者が現在，共同研究を行っている MS & Consulting 社は，覆面

調査を中心として，様々なコンサルティング・サービスを提供する国内最大手の企業で，サービス・プロフィット・チェーンの理論に基づき，従業員感動満足，顧客感動満足を高めることによって企業の業績を持続的に高めることを重視しています。これまで，同社が用いてきた従業員満足度調査では，基本設計方針として，大きく，リーダーシップ，チーム・組織環境，モチベーション，オーナーシップ，働きがい，という5つの着眼点から，様々な業種で利用可能な43の基本的な質問項目が含まれていました。私たちは，この43のアンケート項目を用いてこれまでに調査された約150企業，15万人の従業員の調査結果を，1つのデータとして再分析することによって，業種，業態を超えた従業員満足に関する重要な因子を新たに特定することを目指しました（竹中ら，2016）。

　ここでは，各質問項目の弁別力，回答分布の傾向などを詳細に考慮し，試行錯誤の結果，40の質問項目を用いて，従業員満足の構造を，4つの因子から説明するモデルを紹介します。因子分析の結果，まず第1因子では，上司への信頼や，そのビジョンに納得できるか，など，「リーダーシップ」に関する項目が含まれていました。次に，第2因子には，自分の仕事が周囲に良い影響を与えていると思うか，責任やプライドをもって仕事をできているか，など「自分の仕事，行動に対する納得感」に関する項目が多く含まれていました。また，この中には，自分の仕事がお客様の喜びにつながっているかというホスピタリティに関する項目も含まれています。第3因子には，職場の他のメンバーが顧客や仲間のために働き，チームとして機能しているか，人間関係が心地良いものであるか，など，「チーム・人間環境」に関する項目が多く含まれていました。最後に，第4因子には，今の仕事に納得し，その店や会社に所属し続けたい（帰属意識）と思っているか，また，給与や労働条件に満足しているか，など，所属する「職場や会社の評価」に関する項目が含まれていました。このように，4つの異なる因子で従業員一人ひとりの満足度を数値化することが可能になると，その得点を用いて，企業ごとの比較や，業種ごとの比較が可能になります。具体的には，15万人の回答に対して，それぞれ4つの因子得点を付与し，さらに，因子得点を回答者の分布に基づき，因子得点の高い上位20％（約3万人）を5，下位20％を1として表現すると，平

均は 3 となり，簡単に比較ができるようになります。

図 6-4 は，15 万人の従業員満足度の結果をもとに，業種ごとに従業員を分け，4 つの因子得点の平均値を用いて比較したものです。

この図を見ると，外食産業は上場企業，非上場企業にかかわらず，すべての因子で平均点を上回っていることがわかります。これらを合わせると約 55000 人分の従業員の結果であることを考えると，外食産業においては，近年，外食産業が労働環境として，きついイメージを世間的にもたれる中，多くの企業で ES を高めるために行ってきた様々な取り組みが功を奏しているのではないかと考えられます。また，外食に加え，ヘアサロンやアパレル，エステなど顧客接点を多くもつと思われる業種においては，自分の仕事，行動に対する納得感因子（第 2 因子）が高いことが示唆されました。ただし，ヘアサロンやエステでは，給与や労働条件に関する職場や会社の評価因子（第 4 因子）が非常に低いこともわかりました。実際，美容師の離職率は非常に高く，社会的な問題となっています。一方，スーパーマーケットやドラッグストアでは，第 2 因子をはじめすべての因子が平均より低い状態

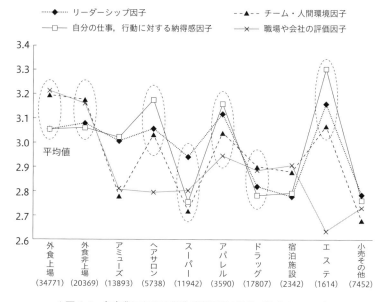

▲図 6-4　各産業における従業員満足度の比較（竹中ら，2016）

にあることを示唆しています。

このように，同じ手法を用いて，従業員満足度を業種横断的に比較すると，それぞれの業種が抱える問題の構造が明らかになってきます。それでは，各企業は，どのような努力をすれば従業員の満足度が向上し，離職を防ぐことができるのでしょうか？ 図6-5は共分散構造分析とよばれる手法を用いて，どのように「ずっとこの職場で働きたい」という職場への帰属意識を高めることができるのか，そのことに影響している因子や，「改善意識」に関する重要項目を示したものです。なお，この構造は，特定の業種によらず，すべての業種で同じような傾向をもつことが確認されました。

この図からわかることは，帰属意識を高め離職を防止するためには，職場や会社の評価因子（第4因子）を高いことと，改善意識が高いことが大きな影響を与えていることです。ここでいう改善意識とは，「今の職場（店舗）をもっとよくしたい」というもので，そのことが高いことは，自分の仕事，行動に対する納得感因子（第2因子）を高めることにもつながることを示唆しています。つまり，離職率を下げ，従業員満足度を高めるためには，給与や労働条件を良くするこ

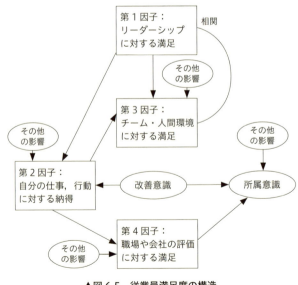

▲図6-5 従業員満足度の構造

ととともに，自主的な改善に意識が高まるような仕組みを考えることが重要であり，そのためにはリーダーシップ（第1因子）やチーム・人間環境（第3因子）も間接的に関係していることを示唆しています．

3. 顧客，従業員，企業からみたサービスの価値

　筆者はサービス工学の研究を通じて，サービスの価値は，少なくとも顧客満足，従業員満足，企業の収益性の3つの視点から評価されるべきだと考えています（図6-6）．なぜなら，どんなに顧客満足度が高くても，それが従業員の犠牲の上に成り立っていては長く続かないと思うからです．また，飲食や小売に代表される日本のサービスが非常に高い品質を維持していることは，諸外国からも評価されています．しかしながら，同じようなビジネスモデルが市場にあふれ，価格競争が激化しすぎると，経営の面からみた収益性が低くなり，結果的にビジネスを続けていくことが難しくなってしまいます．そのため，顧客の多様なニーズを考慮した競争力のある，多様なビジネスモデルを企業が常に創出し，サービスの付加価値を高めていくことが重要で

▲図6-6　サービスにおける3つの評価指標

す。

　本章では，紙面の都合から，顧客満足の構造や企業戦略について，十分な紹介ができませんでした。しかしながら，それらについても，現在，様々なビッグデータが利用可能な時代になってきました。1節で紹介した会員カードなどの情報からは顧客のリピート率が計算できます。リピート率は顧客満足をその人の行動から知る上で非常に有効な指標です。また，これまでに覆面調査で得られた知見では，顧客の満足は，サービスの品質に対する満足，スタッフに対する満足，価格に関する満足など，いくつかの視点から評価されるほか，それらが最終的に「また来たい（再来店意向）」「誰に紹介したい（推奨意向）」といった意図につながります。

　最後に，企業の経営指標に関しても，現在では売上や購買情報だけでなく，業務に関する発注や従業員のシフトなど，様々なデータが日々，業務の中で蓄積されています。これらのビッグデータをうまく組み合わせることによって，サービスの価値を多面的に評価していくことが，ビジネスや社会の持続性を考える上で重要だと考えられます。会計情報など経営指標や，業務の効率性などサービスの提供プロセスも，人間の行動や意思決定の結果として得られるものであり，従来の心理学の枠組みに捕らわれず，様々なビッグデータを人間行動の視点から柔軟に分析，理解していくことが重要です。

覆面調査や従業員満足度調査を用いたコンサルティング

現場の声 9

　MS & Consulting は，サービス産業全般にわたる企業を対象に，サービス・プロフィット・チェーンの考え方を重視し，従業員感動満足，顧客感動満足を高めることによって，企業の業績を持続的に高めるためのコンサルティング業務を行っている会社です。そのための手段として，年間10万件を超える覆面調査や従業員満足度調査を行うとともに，従業員満足度向上プラグラムや顧客満足度向上プログラムを提供しています。また，覆面調査には，月間，数千人のモニタ会員の協力を得て，膨大な件数の人間に関するデータを集めます。そこからどのように顧客や従業員の心理や行動を読み取るかが最も重要な課題です。

　産業技術総合研究所との共同研究を通して，これまでに収集された大規模なデータを様々な手法を用いて分析し，例えば，顧客満足や従業員満足の構造をモデル化できたことにより，より科学的根拠に基づくコンサルティングが可能になりました。また，調査手法や分析手法の標準化は，多くのクライアント企業のパフォーマンスを比較し，取り組むべき課題を明らかにするために非常に重要です。本章で紹介された従業員満足度調査手法の標準化は良い例です。

　現在，この共同研究は，「サービス・ベンチマーキングによるサービス・プロフィット・チェーンの高度化」をテーマとしています。サービス・ベンチマーキングとは，顧客，従業員，業績（企業）の立場から，企業のパフォーマンスを業種内，業種間で，標準化された指標を用いて，比較可能にするもので，フィードバックされる結果は，企業の経営の意思決定を支援するために非常に重要なものになると期待しています。そのためには，客観的なデータをもとに，心理学的な知見を用いた分析を行うだけでなく，経営者や従業員と一緒に，サービスを改善していく現場の活動が極めて重要だと考えています。

付録 さらに勉強するための推薦図書

【1章】
『情報行動の社会心理学―送受する人間のこころと行動―』
川上善朗（編）（2001） 北大路書房

出版から時間が経過していますが，主にマクロな社会心理学の観点から，人間の情報行動をめぐる重要な諸概念を学ぶことができます。

【2章】
『誰のためのデザイン？―認知科学者のデザイン原論―』（増補・改訂版）
ノーマン，D. A.（著）／岡本 明・安村通晃・伊賀聡一郎・野島久雄（訳）
（2015） 新曜社

この分野のレジェンドといってもよいかもしれません。1988年に最初の版（邦訳は1990年）が出版され，25年ぶりに増補版が出版されました。使いやすさをどう考えるのか，その思想の原点を感じ取ることができます。読まないという選択肢はない本です。

『イラストで学ぶヒューマンインタフェース』
北原義典（2011） 講談社

ヒューマンインタフェースの内容を網羅的に紹介されています。見開きで文章とイラストで構成されており，簡潔にそれぞれのトピックについて書かれ，とっつきやすい本だと思います。

【3章】
『ネットいじめの構造と対処・予防』
加納寛子（編）（2016） 金子書房

目の前でネットいじめが起きているとき，あなたならどのように対応しますか？ この本では，ネットいじめに関する現状やデータ，研究の動向だけでなく，様々な事例や体験談，対談なども紹介されています。ネットいじめの発生時に取るべき対処や，普段からの予防教育のあり方について，具体的に考えていくために必要な視点と指針を与えてくれる一冊です。

『インターネットは自殺を防げるか
―ウェブコミュニティの臨床心理学とその実践―』
末木 新（2013） 東京大学出版会

「自殺予防」という観点から，インターネットという技術のもつ可能性と危険性について鋭く切り込んだ一冊です。過去の研究が緻密にまとめられているだけでなく，著者が実施した一連の研究についても紹介されており，現実の社会問題に対してどのようにアプローチすべきかを考える際にも役立つ名著です。

【4章】

『メディアとパーソナリティ』
　坂元　章（編）（2011）　ナカニシヤ出版

　テレビ，テレビゲーム，インターネット，ケータイの使用それぞれについて，パーソナリティに対する影響やそれとの関連性に関する研究動向をまとめています。

『メディアと人間の発達
　―テレビ，テレビゲーム，インターネット，そしてロボットの心理的影響―』
　坂元　章（編）（2003）　学文社

　テレビ，テレビゲーム，インターネット，ロボットに対する接触が人間の発達にどのように影響を及ぼすかなどについて研究動向をまとめています。

【5章】

『インターネット心理学のフロンティア―個人・集団・社会―』
　三浦麻子・森尾博昭・川浦康至（編）（2009）　誠信書房

　インターネットに関する心理学的研究が，インターネットと自己，インターネットと対人相互作用，インターネットコミュニティ，インターネットと社会といった4部構成でまとめられています。

『ネット炎上の研究―誰があおり，どう対処するのか―』
　田中辰雄・山口真一（2016）　勁草書房

　著者らは，大規模な調査データに基づき，炎上によるトラブルは重大な問題であるが，それは社会として解決すべき課題であり，解決の道を探るべきだと主張しています。

【6章】

『サービス工学の技術―ビッグデータの活用と実践―』
　本村陽一・竹中　毅・石垣　司（2012）　東京電機大学出版局

　本書では，サービス工学におけるビッグデータを用いた顧客行動の分析技術がいくつかの事例を用いて紹介されています。

『社会の中で社会のためのサービス工学
　―モノ・コト・ヒトづくりのための研究最前線―』
　産業技術総合研究所（2014）　カナリア書房

　本書はサービス工学の基礎や技術の紹介とともに，サービス産業の生産性向上や付加価値向上に向けた様々な研究事例を紹介しています。

文　献

● はじめに
文部科学省（2014）.「ICT を活用した教育の推進に関する懇談会」報告書（中間まとめ）

● 第１章
浅川伸一（2015）. ディープラーニング，ビッグデータ，機械学習あるいはその心理学　新曜社
Carayon, P. & Smith, M. J.（2000）. Work organization and ergonomics. *Applied Ergonomics*, **31**, 649-662.
Dill, K. E.（Ed.）.（2013）. *The Oxford handbook of media psychology.* New York: Oxford University Press.
Fisk, A. D., Rogers, W. A., Charness, N., Czaja, S. J., & Sharit, J.（2009）. *Designing for older adults: Principles and creative human factors approaches*（2nd ed.）. Boca Raton, FL: CRC Press.
藤　桂・吉田富二雄（2009）. インターネット上での行動内容が社会性・攻撃性に及ぼす影響─ウェブログ・オンラインゲームの検討より─　社会心理学研究, **25**, 121-132.
原田悦子（1997）. 人の視点からみた人工物研究　共立出版
Harada, E.T., Suto, S., & Nambu, M.（2005）. How can we measure goodness of conversation with robots? *Proceedings of Measuring Behavior 2005: 5th International Conference on Methods and Techniques in Behavioral Research,* 339-345.
橋本卓弥（2015）. ロボットの表情とコミュニケーション　基礎心理学研究, **34**, 134-138.
池田謙一（編）（1997）. ネットワーキング・コミュニティ　東京大学出版会
石黒　浩（2015）. アンドロイドは人間になれるか　文藝春秋
Joinson, A., McKenna, K., Postmes, T., & Reips, U.（Eds.）.（2007）. *The Oxford handbook of internet psychology.* New York: Oxford University Press.
上出寛子（2015）. ロボットと人間を考える「わたし」　心理学ワールド, **70**, 27-28.
上出寛子・前　泰志・田窪朋仁・大原賢一・新井健生（2010）. 対ヒューマノイド認知尺度の作成─ヒューマノイドに対する基本的認知次元の特定─　ロボティクス・メカトロニクス講演会講演概要集, 2A2-D17 (1-4).
柏原　勤（2011）. Twitter の利用動機と利用頻度の関連性─「利用と満足」研究アプローチからの検討─　慶應義塾大学大学院社会学研究科紀要　社会学・心理学・教育学　人間と社会の探究, **72**, 89-107.
川上善朗（編）（2001）. シリーズ 21 世紀の社会心理学 5　情報行動の社会心理学─送受する人間のこころと行動─　北大路書房
河嶋珠実（2014）. ロボットセラピー研究における事例整理及び治療効果抽出の試み─叙述的分析を用いた文献研究─　臨床心理学部研究報告（京都文教大学）, **6**, 155-167.
経済産業省（2004）. 2025 年の人間とロボットが共存する社会の実現に向けて　「次世代ロボットビジョン懇談会」報告書
木村泰之・都築誉史（1998）. 集団意思決定とコミュニケーション・モード─対面条件とコンピュータ・コミュニケーション条件の差違に関する実験社会心理学的検討─　実験社会心理学研究, **38**, 183-192.
北村　智・佐々木裕一・河井大介（2016）. ツイッターの心理学─情報環境と利用者行動─　誠信書房
Lee, J. D. & Kirlik, A.（Eds.）.（2013）. *The Oxford handbook of cognitive engineering.* New York: Oxford University Press.
文部科学省（2014）.「ICT を活用した教育の推進に関する懇談会」報告書（中間まとめ）
中谷内一也・Cvetkovich, G.（2008）. リスク管理機関への信頼─SVS モデルと伝統的信頼モデルの統合─　社会心理学研究, **23**, 259-268.
西垣　通（2013）. 集合知とは何か─ネット時代の「知」のゆくえ─　中央公論新社
柴田崇徳・和田一義（2011）. アザラシ型ロボット「パロ」によるロボット・セラピーの効果の臨床・

実証実験について　日本ロボット学会誌, **29**, 246-249.

Sundar, S. S.（2008）. The MAIN model: A heuristic approach to understanding technology effects on credibility. In M. J. Metzger, & A. J. Flanagin,（Eds.）, *Digital media, youth, and credibility*（pp. 72-100）. Cambridge, MA: The MIT Press.

Sundar, S. S., Jia, H., Waddell, T. F., & Huang, Y.（2015）. Toward a theory of interactive media effects（TIME）: Four models for explaining how interface features affect user psychology. In S. S. Sundar（Ed.）, *The handbook of the psychology of communication technology*（pp. 47-86）. West Sussex, UK: John Wiley & Sons.

竹村彰通（2014）. 統計学にとって情報とは何か　現代思想, **42**, 60-68.

田中辰雄・山口真一（2016）. ネット炎上の研究―誰があおり、どう対処するのか―　勁草書房

都築誉史・本間元康・千葉元気・菊地　学（2014）. 眼球運動の時系列解析による多属性意思決定における魅力効果と妥協効果に関する検討　認知心理学研究, **11**, 81-96.

都築誉史・河原哲雄・楠見　孝（2002）. 高次認知過程に関するコネクショニストモデルの動向　心理学研究, **72**, 541-555.

都築誉史・菊地　学・千葉元気（2011）. インターネット利用と社会的スキルが対人関係と関係妄想的認知に及ぼす影響　日本社会心理学会第52回大会発表論文集, 69.

都築誉史・菊地　学・千葉元気・相馬正史・橋本雄一（2012）. 震災発生時における匿名電子掲示板への信頼―東日本大震災前後の比較―　日本心理学会第76回大会発表論文集, 171.

都築誉史・木村泰之（2000）. 大学生におけるメディア・コミュニケーションの心理的特性に関する分析―対面、携帯電話、携帯メール、電子メール条件の比較―　応用社会学研究（立教大学社会学部紀要）, **42**, 15-24.

都築誉史・木村泰之・松井博史（2005）. メディアコミュニケーションにおけるメディア意識と対人意識に関する分析―携帯電話、携帯メール、電子メール条件の比較―　立教大学心理学研究, **47**, 25-34.

渡辺美紀・小川浩平・吉川雄一郎・石黒　浩（2016）. アンドロイドとのタッチディスプレイ会話における選好の変化―半強制的な選択の影響について　認知科学, **23**, 411-419.

吉冨康成（編）（2014）. インターネットはなぜ人権侵害の温床になるのか―ネットパトロールがとらえたSNSの危険性―　ミネルヴァ書房

● 第2章

Aizpurua, A., Harperb, S., & Vigob, M.（2016）. Exploring the relationship between web accessibility and user experience. *International Journal of Human-Computer Studies*, **91**, 13-23.

Bridger, R. S.（2009）. *Introduction to ergonomics*（3rd ed.）. Boca Raton: CRC Press.

Brooke, J.（1996）. SUS: A 'quick and dirty' usability scale. In P. W. Jordan, B. Thomas, B. A. Weerdmeester & I. L. McClelland（Eds.）, *Usability evaluation in industry*（pp. 189-194）. London: Taylor & Francis.

Casey, S. M.（1993）. *Set phasers on stun and other true tales of design, technology, and human*. Santa Barbara: Aegean Publishing.（赤松幹之（訳）（1995）. 事故はこうして始まった！―ヒューマンエラーの恐怖―　化学同人）

Chaparro, B. S., Phan, M. H., Siu, C., & Jardina, J. R.（2014）. User performance and satisfaction of tablet physical keyboards. *Journal of Usability Studies*, **9**, 70-80.

Dekker, S.（2006）. *The field guide to understanding human error*. Farnham: Ashgate Publishing.（小松原明哲・十亀　洋（監訳）（2010）. ヒューマンエラーを理解する　海文堂出版）

Finstad, K.（2010）. The usability metric for user experience. *Interacting with Computers*, **22**, 323-327.

Frederick, D., Mohler, M., Vorvoreanu, M., & Glotzbach, R.（2015）. The effects of parallax scrolling on user experience in web design. *Journal of Usability Studies*, **10**, 87-95.

権藤恭之（2013）. 高齢者とヒューマンファクターズ―人工物との関係において―　篠原一光・中村隆宏（編）　心理学から考えるヒューマンファクターズ―安全で快適な新時代へ―（pp.145-163）　有斐閣

芳賀　繁（1994）. NASAタスクロードインデックス日本語版の作成と試行　鉄道総研報告, **8**, 15-20.

Hazlett, R. L. & Benedek, J.（2007）. Measuring emotional valence to understand the user's experience of software. *International Journal of Human-Computer Studies*, **65**, 306-314.

Hollnagel, E.（2004）. *Barriers and accident prevention.* Aldershot, UK: Ashgate Publishing.（小松原明哲（監訳）（2006）．ヒューマンファクターと事故防止　海文堂出版）

飯尾　淳・清水浩行（2008）．業務システムのユーザビリティに対する評価改善手法　三菱総合研究所所報, **50**, 30-53.

泉谷　聡・大倉典子・土屋文人（2007）．女性高齢者を対象とした週1回投与製剤のブリスターカードデザイン評価　ヒューマンインタフェース学会誌 , **9**, 481-484.

Johnson, J.（2014）. *Designing with the mind in mind: Simple guide to understanding user interface design guidelines*（2nd ed.）. Burlington, Massachusetts: Morgan Kaufmann Publishers.（武舎広幸・武舎るみ（訳）（2015）．UI デザインの心理学―わかりやすさ・使いやすさの法則―　インプレス）

海保博之・原田悦子（1993）．プロトコル分析入門―発話データから何を読むか―　新曜社

加藤　隆（1994）．認知工学の現状と展望　認知科学, **1**, 72-86.

加藤　隆（2002）．認知インタフェース（IT Text）　オーム社

黒須正明（2012）．ユーザエクスペリエンスにおける感性情報処理　放送大学研究年報, **30**, 93-109.

黒須正明・伊東昌子・時津倫子（1999）．ユーザ工学入門―使い勝手を考える・ISO13407 への具体的アプローチ―　共立出版

黒須正明（著，編集）・松原幸行・八木大彦・山崎和彦（編集）（2013）．HCD ライブラリー第 1巻　人間中心設計の基礎　近代科学社

Laugwitz, B., Held, T., & Schrepp, M.（2008）. Construction and evaluation of a user experience questionnaire. In A. Holzinger（Ed.）, *Lecture notes in computer science*（vol. 5298, pp. 63-76）. Berlin Heidelberg: Springer-Verlag.

Lewis, J. R.（2015）. Introduction to the special issue on usability and user experience: Psychometrics. *International Journal of Human-Computer Interaction*, **31**, 481-483.

松尾太加志（1999）．コミュニケーションの心理学―認知心理学・社会心理学・認知工学からのアプローチ―　ナカニシヤ出版

松尾太加志（2002）．市販マニュアルにおける理解支援記述の調査分析　日本人間工学会第43回大会講演集, **38**, 574-575.

松尾太加志（2003）．外的手掛かりによるヒューマンエラー防止のための動機づけモデル　ヒューマンインタフェース学会誌, **5**, 75-84.

松尾太加志（2004）．ユーザビリティ評価における認知不安の指標としての瞬目の利用可能性　人間工学, **40**, 148-154.

松尾太加志（2007）．被説明者の理解・記憶とその支援　比留間太白・山本博樹（編）　説明の心理学―説明社会への理論・実践的アプローチ―（pp. 113-126）　ナカニシヤ出版

松尾太加志（2008）．階層メニュー探索時における認知負荷の瞬目による検討　認知心理学研究, **6**, 1-10.

三宅晋司・神代雅晴（1993）．メンタルワークロードの主観的評価法―NASA-TLX と SWAT の紹介および簡便法の提案―　人間工学, **29**, 399-408.

中川　亮・石原恵子・石原茂和・藤原義久・佐古宏文・松尾義之・内藤正浩（2008）．評価実験による全自動洗濯乾燥機の操作部改善　日本人間工学会第49回大会講演集 , **44**, 286-287.

中村聡史（2015）．失敗から学ぶユーザインタフェース―世界は BADUI（バッド・ユーアイ）であふれている―　技術評論社

Nielsen, J.（1993）. *Usability engineering.* Boston: Academic Press.（篠原稔和・三好かおる（訳）（2002）．情報デザインシリーズ　ユーザビリティエンジニアリング原論―ユーザーのためのインタフェースデザイン―　東京電機大学出版局）

Nielsen, J. & Mack, R. L.（Eds.）.（1994）. *Usability inspection methods.* New York: John Wiley & Sons.

入戸野宏（2013）．心理生理学的アプローチ　篠原一光・中村隆宏（編）　心理学から考えるヒューマンファクターズ―安全で快適な新時代へ―（pp. 183-198）　有斐閣

Norman, D. A.（1986）. Cognitive engineering. In D. A. Norman & S. W. Draper（Eds.）, *User centered system design: New perspectives on human-computer interaction*（pp. 31-61）. Hillsdale, NJ: Lawrence Erlbaum Associates.

Norman, D. A.（2004）. *Emotional design: Why we love (or hate) everyday things*. New York: Basic Books.（岡本　明・安村通晃・伊賀聡一郎・上野晶子（訳）（2004）. エモーショナル・デザイン―微笑を誘うモノたちのために―　新曜社）

Norman, D. A.（2013）. *The design of everyday things: Revised and expanded edition*. New York: Basic Books.（岡本　明・安村通晃・伊賀聡一郎・野島久雄（訳）（2015）. 誰のためのデザイン？　増補・改訂版―認知科学者のデザイン原論―　新曜社）

Norman, D. A. & Draper, S. W.（Eds.）（1986）. *User centered system design: New perspectives on human-computer interaction*. Hillsdale, NJ: Lawrence Erlbaum Associates.

Novick, D. G. & Ward, K.（2006）. Why don't people read the manual? *Proceeding SIGDOC '06 Proceedings of the 24th annual ACM international conference on Design of communication*（pp. 11-18）. New York, NY:ACM.

岡　耕平（2013）. 障害者支援とヒューマンファクターズ　篠原一光・中村隆宏（編）　心理学から考えるヒューマンファクターズ―安全で快適な新時代へ―（pp. 165-182）　有斐閣

Reason, J. T.（1990）. *Human error*. Cambridge: Cambridge University Press.（林　喜男（監訳）（1994）. ヒューマンエラー―認知科学的アプローチ―　海文堂）

Rohrer, C.（2014）. When to use which user-experience research methods. Nielsen Norman Group Articles.
https://www.nngroup.com/articles/which-ux-research-methods/（2016年8月13日）

斎藤綾乃・鈴木浩明・白戸宏明・藤浪浩平・遠藤広晴・松岡茂樹・平井俊江・斎藤和彦（2006）. 通勤近郊列車のつり革高さと手すり位置の検討　人間工学, **42**, 9-21.

新郷重夫（1985）. 源流検査とポカヨケ・システム―不良＝0への挑戦―　日本能率協会

篠原一光（2013a）. 現代社会とヒューマンファクターズ　篠原一光・中村隆宏（編）　心理学から考えるヒューマンファクターズ―安全で快適な新時代へ―（pp. 1-22）　有斐閣

篠原一光（2013b）. 認知とヒューマンエラー　篠原一光・中村隆宏（編）　心理学から考えるヒューマンファクターズ―安全で快適な新時代へ―（pp. 41-60）　有斐閣

Shneiderman, B., Jacobs, S. M., Cohen, M. S., Diakopoulos, N., & Elmqvist, N.（2016）. *Designing the user interface: Strategies for effective human-computer interaction*（6th ed.）. Hoboken, NJ: Pearson.

杉江　弘（2006）. 機長が語るヒューマン・エラーの真実　SBクリエイティブ

多賀昌江・照井レナ・神島滋子・三谷篤史・酒井正幸（2008）. 点滴スタンドのユーザビリティ評価（第1報）　患者と看護師の使用感についての考察　札幌市立大学研究論文集, **2**, 25-32.

高野陽太郎・岡　隆（編）（2004）. 心理学研究法―心を見つめる科学のまなざし―　有斐閣

樽本徹也（2014）. ユーザビリティエンジニアリング（第2版）―ユーザエクスペリエンスのための調査，設計，評価手法―　オーム社

The Center for Universal Design（1997）. *The principles of universal design, Ver. 2.0*. Raleigh, NC: North Carolina State University.

Ward, R. D. & Marsden, P. H.（2003）. Physiological responses to different web-page designs. *International Journal of Human-Computer Studies*, **59**, 199-212.

渡邊恵太（2015）. 融けるデザイン―ハード×ソフト×ネット時代の新たな設計論―　ビー・エヌ・エヌ新社

渡部　恵・杉浦宗敏・清野敏一・光永義治・中村　均・山田安彦・土屋文人・大江和彦・伊賀立二（2002）. 処方オーダリングシステムにおける入力ミスの防止法とその評価―3 文字入力及び警告画面表示システムの有用性―　薬学雑誌, **122**, 841-847.

Weinschenk, S.（2011）*100 Things every designer needs to know about people*（*Voices that matter*）. Indianapolis: New Riders Press.（武舎広幸・武舎るみ・阿部和也（訳）（2012）. インタフェースデザインの心理学―ウェブやアプリに新たな視点をもたらす100の指針―　オライリージャパン）

Weinschenk, S.（2015）*100 More things every designer needs to know about people*（*Voices that matter*）. Indianapolis: New Riders Press.（武舎広幸・武舎るみ・阿部和也（訳）（2016）. 続・インタフェースデザインの心理学―ウェブやアプリに新たな視点をもたらす＋100の指針― オライリージャパン）

Wickens, C. D., Hollands, J. G., Banbury, S., & Parasuraman, R.（2013）. *Engineering psychology and human performance*（4th ed.）. Upper Saddle River, NJ: Pearson Education.

● 第3章

荒川　歩・中谷嘉男・サトウタツヤ（2006）. 友人からのメールに顔文字が付与される頻度が顔文字から受信者が受ける印象に与える影響　社会言語科学, **8**, 18-25.

Baer, M.（2010）. The strength-of-weak-ties perspective on creativity: A comprehensive examination and extension. *Journal of applied psychology*, **95**, 592.

坂西友秀（1995）. いじめが被害者に及ぼす長期的な影響および被害者の自己認知と他の被害者認知の差　社会心理学研究, **11**, 105-115.

ベネッセ教育総合研究所（2014）. 中高生のICT利用実態調査2014報告書　ベネッセ教育総合研究所
http://berd.benesse.jp/shotouchutou/research/detail1.php?id=4377（2016年9月30日）

Cole, D. A., Zelkowitz, R. L., Nick, E., Martin, N. C., Roeder, K. M., Sinclair-McBride, K., & Spinelli, T.（2016）. Longitudinal and incremental relation of cybervictimization to negative self-cognitions and depressive symptoms in young adolescents. *Journal of Abnormal Child Psychology*, **44**, 1321-1332.

デジタルアーツ（2016）. 未成年の携帯電話・スマートフォン利用実態調査　デジタルアーツ
http://www.daj.jp/company/release/2016/0222_01/（2016年9月30日）

Finkelhor, D., Mitchell, K. J., & Wolak, J.（2000）. Online victimization: A report on the nation's youth. National Center for Missing and Exploited Children.
http://www.unh.edu/ccrc/pdf/jvq/CV38.pdf（2016年9月30日）

藤　桂・遠藤寛子（2016）. ネットいじめ被害時における遮断的対処がもたらす短期的および長期的影響　メディア・情報・コミュニケーション研究, **1**, 43-57.

藤　桂・吉田富二雄（2012）. ネットいじめ加害行動に至る心理的プロセス―ネット上での誹謗中傷に対する認知に着目して―　日本心理学会第76回大会発表論文集, 189.

藤　桂・吉田富二雄（2014）. ネットいじめ被害者における相談行動の抑制―脅威認知の観点から―　教育心理学研究, **62**, 50-63.

深谷和子・高旗正人（2008）. 日本子ども社会学会平成19年度調査「生徒のケータイとネット利用, 『学校裏サイト』に関する調査報告書」より抜粋―生徒調査を中心に―　児童心理, **62**, 148-157.

玄田有史（2007）. 期待と信頼がなければ希望は生まれない　ベルシステム24（編）　交感する科学―ビジネスを深化させる最先端コミュニケーション研究―（pp. 190―209）　ベルシステム24

Granovetter, M. S.（1973）. The strength of weak ties. *American Journal of Sociology*, **78**, 1360-1380.

Hasebrink, U., Livingstone, S., & Haddon, L.（2008）. Comparing children's online opportunities and risks across Europe: Cross-national comparisons for EU Kids Online. London: EU Kids Online.
http://www.ifap.ru/library/book363.pdf（2016年9月30日）

橋元良明・千葉直子・天野美穂子・堀川裕介（2015）. ソーシャルメディアを介して異性と交流する女性の心理と特性　東京大学大学院情報学環紀要 情報学研究・調査研究編, **31**, 115-195.

伊藤穰一（2015）. ネットで進化する人類―ビフォア／アフター・インターネット―　角川学芸出版

加納寛子（編）（2016）. ネットいじめの構造と対処・予防　金子書房

加藤由樹・加藤尚吾・赤堀侃司（2007）. 電子メールコミュニケーションにおける書き手の性別が読み手の感情面に及ぼす影響―大学生を対象とした実験による検討―　日本社会情報学会学会誌, **19**, 17-33.

警察庁（2013）．コミュニティサイトに起因する児童被害の事犯に係る調査結果について
https://www.npa.go.jp/cyber/statics/h25/community-1.pdf（2016 年 9 月 30 日）
警察庁（2016）．平成 27 年中の出会い系サイト及びコミュニティサイトに起因する事犯の現状と対策について
https://www.npa.go.jp/cyber/statics/h27/h27_community.pdf（2016 年 9 月 30 日）
Kids Help Phone（2012）．Cyber-bullying: Reality check. Kids Help Phone.
http://org.kidshelpphone.ca/main-data/uploads/2014/11/2012-cir-cyberbullying1.pdf（2016年9月30日）
北村英哉・佐藤重隆（2009）．携帯メールへの絵文字付与が女子大学生の印象形成に与える効果　感情心理学研究, **17**, 148-156.
Kowalski, R. M., Limber, S., & Patricia W. Agatston, P. W.（2008）．*Cyber bullying: bullying in the digital age.* Oxford: Blackwell.
黒川雅幸（2010a）．いじめ被害とストレス反応，仲間関係，学校適応感との関連―電子いじめ被害も含めた検討―　カウンセリング研究, **43**, 171-181.
黒川雅幸（2010b）．中学生の電子いじめ加害行動に関する研究　福岡教育大学紀要, **59**, 11-21.
丸山淳市・藤　桂（2016）．職場ユーモアが心身の健康と業務成果への自己評価に及ぼす効果　心理学研究, **87**, 21-31.
McKenna, K. Y. A. & Bargh, J. A.（1998）．Coming out in the age of the Internet: Identity "demarginalization" through virtual group participation. *Journal of Personality and Social Psychology,* **75**, 681-694.
永野惣一・藤　桂（2016a）．弱い紐帯との交流によるキャリア・リフレクションとその効果　心理学研究, **87**, 463-473.
永野惣一・藤　桂（2016b）．労働者におけるストレスマインドセットと精神的健康―SNSを介した弱い紐帯との接触がもたらす影響―　筑波大学心理学研究, **51**, 47-57.
三島浩路（2008）．小学校高学年で親しい友人から受けた「いじめ」の長期的な影響―高校生を対象にした調査から―　実験社会心理学研究, **47**, 91-104.
三島浩路・黒川雅幸・大西彩子・本庄　勝・吉武久美・長谷川輝之・長谷川亨・吉田俊和（2010）．ネット上のトラブルや「いじめ」に関する報告―中学・高校生当時の体験を回想して―　心理発達科学（名古屋大学大学院教育発達科学研究科紀要）, **57**, 61-69.
水谷聡秀・雨宮俊彦（2015）．小中高時代のいじめ経験が大学生の自尊感情と Well-Being に与える影響　教育心理学研究, **63**, 102-110.
文部科学省（2007）．平成 18 年度児童生徒の問題行動等生徒指導上の諸問題に関する調査について
http://www.e-stat.go.jp/SG1/estat/List.do?bid=000001017157&cycode=0（2016 年 9 月 25 日）
文部科学省（2013）．平成 24 年度児童生徒の問題行動等生徒指導上の諸問題に関する調査について
http://www.mext.go.jp/b_menu/houdou/25/12/1341728.htm（2016 年 9 月 25 日）
文部科学省（2014）．平成 25 年度児童生徒の問題行動等生徒指導上の諸問題に関する調査について
http://www.mext.go.jp/b_menu/houdou/26/10/1351936.htm（2016 年 9 月 25 日）
文部科学省（2015）．平成 26 年度児童生徒の問題行動等生徒指導上の諸問題に関する調査について
http://www.mext.go.jp/b_menu/houdou/27/09/1362012.htm（2016 年 9 月 25 日）
内閣府（2016）．平成 27 年度青少年のインターネット利用環境実態調査
http://www8.cao.go.jp/youth/youth-harm/chousa/h27/jittai_html/index.html（2016 年 9 月 25 日）
ネットスター（2007）．中学生の 4 割がネットでのいじめを実際に見聞き，1 割がファイル交換ソフトを利用
http://www.netstar-inc.com/press/press070726.html（2016 年 9 月 25 日）
西村多久磨・村上達也・藤　桂（2014）．インターネットを介した出会い―出会いを促進・抑制する要因は何か―　安心ネットづくり促進協議会　2012 年度研究支援事業研究成果報告書（pp. 22-28）
http://www.good-net.jp/investigation/uploads/2014/11/05/112924.pdf（2016 年 9 月 25 日）

Patchin, J. W. & Hinduja, S.（2006）. Bullies move beyond the schoolyard: A preliminary look at cyberbullying. *Youth Violence and Juvenile Justice*, **4**, 148-169.

Raskauskas, J. & Stoltz, A. D.（2007）. Involvement in traditional and electronic bullying among adolescents. *Developmental Psychology*, **43**, 564-575.

Rege, A.（2009）. What's love got to do with it? Exploring online dating scams and identity fraud. *International Journal of Cyber Criminology*, **3**, 494-512.

Reicher, S. D., Spears, R., & Postmes, T.（1995）. A social identity model of deindividuation phenomena. *European Review of Social Psychology*, **6**, 161-198.

労働政策研究・研修機構（2013）.「メンタルヘルス，私傷病などの治療と職業生活の両立支援に関する調査」調査結果
http://www.jil.go.jp/press/documents/20130624.pdf（2016 年 9 月 30 日）

労務行政研究所（2010）. 企業におけるメンタルヘルスの実態と対策
https://www.rosei.or.jp/research/pdf/000008212.pdf（2016 年 9 月 30 日）

Seibert, S. E., Kraimer, M. L., & Liden, R. C.（2001）. A social capital theory of career success. *Academy of Management Journal*, **44**, 219-237.

三枝好恵・本間友巳（2011）.「ネットいじめ」の実態とその分析―「従来型いじめ」との比較を通して― 京都教育大学教育実践研究紀要 , **11**, 179-186.

Smith, P. K., Mahdavi, J., Carbalho, M., Fisher, S., Russell, S., & Tippett, N.（2008）. Cyberbullying: its nature and impact in secondary school pupils. *Journal of Child Psychology and Psychiatry*, **49**, 376-385.

総務省（2015）. 情報通信白書平成 27 年版
http://www.soumu.go.jp/johotsusintokei/whitepaper/h27.html（2016 年 9 月 25 日）

Spears, R., Lea, M., & Postmes, T.（2007）. CMC and social identity. In A. Joinson, K. McKenna, T. Postmes & U Reips（Eds.）, *Oxford handbook of Internet psychology*（pp. 253-272）. Oxford: Oxford University Press.

Sproull, L. & Kiesler, S.（1986）. Reducing social context cues: Electronic mail in organizational communication. *Management Science*, **32**, 1492-1512.

Sproull, L. & Kiesler, S.（1991）. *Connections: New ways of working in the networked organization*. Cambridge, MA: MIT Press.

鈴木佳苗・坂元　章・熊崎あゆち・桂　瑠以（2013）. インターネット使用といじめ・暴力の関係性に関する研究　安心ネットづくり促進協議会平成 22 年度共同研究報告書
http://www.good-net.jp/investigation/uploads/2013/10/30/20130128_1.pdf（2016 年 9 月 25 日）

田口雅徳（2014）. 顔文字の付与および文頭・文末の小文字化がメール文の印象に与える影響―お礼文，挨拶文，依頼文を用いての分析―　情報学研究 , **3**, 105-111.

竹原卓真・佐藤直樹（2003）. 顔文字の有無によるメッセージの印象の違いについて　日本顔学会誌 , **4**, 9-17.

内海しょか（2010）. 中学生のネットいじめ，いじめられ体験―親の統制に対する子どもの認知，および関係性攻撃との関連―　教育心理学研究 , **58**, 12-22.

Walther, J. B.（1995）. Relational aspects of computer-mediated communication: Experimental observations over time. *Organization Science*, **6**, 186-203.

Walther, J. B.（1996）. Computer-mediated communication: Impersonal, interpersonal, and hyper personal interaction. *Communication Research*, **23**, 3-43.

Walther, J. B., Slovacek, C., & Tidwell, L.（2001）. Is a picture worth a thousand words?: Photographic images in long term and short term virtual teams. *Communication Research*, **28**, 105-134.

Whitty, M. T. & Buchanan, T.（2012）. The online romance scam: A serious cybercrime. *Cyber Psychology, Behavior, and Social Networking*, **15**, 181-192.

Wolak, J., Mitchell, K. J., & Finkelhor, D.（2006）. *Online victimization of youth: Five years later*. National Center for Missing and Exploited Children.
http://www.unh.edu/ccrc/pdf/CV138.pdf（2016 年 9 月 30 日）

Ybarra, M. L. & Mitchell, K. J.（2004）. Online aggressor/targets, aggressors, and targets: A comparison of associated youth characteristics. *Journal of Child Psychology and Psychiatry*, **45**, 1308-

1316.

● 第 4 章

Anderson, C., Shibuya, A., Ihori, N., Swing, E. L., Sakamoto, A., Rothstein, H. R., Bushman, B. J., Saleem, M., & Barlett, C. P.（2010）. Violent video game effects on aggression, empathy, and prosocial behavior in Eastern and Western countries: A meta-analytic review. *Psychological Bulletin*, **136**（2）, 151-173.

Bandura, A.（1965）. Influence of models' reinforcement contingencies on the acquisition of imitative responses. *Journal of Personality and Social Psychology*, **1**, 589-595.

Feshbach, S. & Singer, R. D.（1971）. *Television and aggression: An experimental field study.* San Francisco, CA: Jossey-Bass.

Kraut, R. E., Patterson, M., Lundmark, V., Kiesler, S., Mukhopadhyay, T., & Scherlis, W.（1998）. Internet paradox: A social technology that reduces social involvement and psychological well-being? *The American Psychologist*, **53**（9）, 1017-1031.

Kumazaki（Yamaoka）, A., Matsuo, Y., Sakamoto, A., Akiyama, K., Adachi, N., Naito, M., Kurie, I., Sakamoto, K., Takahira, M., & Yonezawa, N.（2011）. The effects of internet use on internet dependency, psychological health, and interpersonal relationships. *Journal of Socio-Infomatics*, **4**（1）, 17-27.

Prot, S. & Anderson, C. A.（2013）. Research methods, design, and statistics in media psychology. In K. Dill（Ed.）, *The Oxford handbook of media psychology*（pp. 109-136）. New York, NY: Oxford University Press.

坂元　章・磯貝奈津子・木村文香・塚本久仁佳・春日　喬・坂元　昴（2000）. 社会性訓練ツールとしてのインターネット―女子大学生のシャイネス傾向者に対する実験―　日本教育工学会論文誌 , **24**（3）, 153-160.

高比良美詠子（2009）. インターネット利用と精神的健康　三浦麻子・森尾博昭・川浦康至（編）インターネット心理学のフロンティア（pp. 20-58）　誠信書房

Takahira, M., Ando, R., & Sakamoto, A.（2008）. Effect of Internet use on depression, loneliness, aggression, and preference for Internet communication: A panel study with 10- to 12-year-old children in Japan. *International Journal of Web Based Communities*, **7**（3）, 302-318.

山岡あゆち・小林鈴奈・毛利瑞穂・坂元　章（2010）. テレビゲームの使用が女子大学生の攻撃行動に及ぼす影響―報奨性とネガティブムード―　デジタルゲーム学研究 , **4**（1）, 81-90.

● 第 5 章

アビームコンサルティング（2016）. ABeam BI のサービスコンセプト
    https://jp.abeam.com/service/abeam_bi_real_solutions.html（2016 年 10 月 30 日）

Carayon, P. & Smith, M. J.（2000）. Work organization and ergonomics. *Applied Ergonomics*, **31**, 649-662.

Dubrovsky, V. J., Kiesler, S., & Sethna, B. N.（1991）. The equalization phenomenon: Status effects in computer-mediated and face-to-face decision-making groups. *Human-Computer Interaction*, **6**, 119-146.

Gallupe, R. B., Cooper, W. H., Gris, M., & Bastianutti, L. M.（1994）. Blocking electronic brainstorms. *Journal of Applied Psychology*, **79**, 77-86.

自動車技術会（2016）. 自動車技術ハンドブック―人間工学編―（第 3 分冊）　自動車技術会

Grudin, J.（1989）. Why groupware applications fail: Problems in design and evaluation. *Office: Technology and People*, **4**, 245-264.

速水治夫（編）（2007）. グループウェア―Web 時代の協調作業支援システム―　森北出版

Hightower, R. T. & Sayeed, L.（1995）. The impact of computer mediated communication systems on biased group discussion. *Computers in Human Behavior*, **11**, 33-44.

Janis, I. L.（1982）. *Groupthink: Psychological studies of policy decisions and fiascoes.* Boston, MA: Houghton Mifflin.

亀田達也（1997）. 合議の知を求めて―グループの意思決定―　共立出版

川喜田二郎（1967）. 発想法―創造性開発のために― 中央公論社

Kiesler, S., Siegel, J., & McGuire, T. (1984). Social psychological aspects of computer-mediated communications. *American Psychologist*, **39**, 1123-1134.

Kiesler, S. & Sproull, L. (1992). Group decision making and communication technology. *Organizational Behavior and Human Decision Processes*, **52**, 96-123.

木村泰之・都築誉史（1998）. 集団意思決定とコミュニケーション・モード―コンピュータ・コミュニケーション条件と対面コミュニケーション条件の差異に関する実験社会心理学的検討― 実験社会心理学研究, **38**, 183-192.

増田桂子（2014）. インターネットコミュニケーションにおける非言語情報 人文研紀要（中央大学人文科学研究所）, **78**, 283-300.

McCauley, C., Stitt, C. L., Woods, K., & Lipton, D. (1973). Group shift to caution at the race track. *Journal of Experimental Social Psychology*, **9**, 80-86.

McGrath, E. J. (1984). *Groups: Interaction and performance*. Englewood Cliffs, NJ: Prentice-Hall.

中村雅章（2002）. 集団意思決定における電子コミュニケーションの効果性 中京経営研究, **12**, 147-179.

NHTSA (2013). US department of transportation policy on automated vehicle development. http://www.nhtsa.gov/About+NHTSA/Press+Releases/U.S.+Department+of+Transportation+Releases+Policy+on+Automated+Vehicle+Development/（2016年10月30日）

Osborn, A. F. (1953). *Applied imagination: Principles and procedures of creative thinking*. New York: Scribner.

Reicher, S. D., Spears, R., & Postmes, T. (1995). A social identity model of deindividuation phenomena. *European review of social psychology*, **6**, 161-198.

Saunders, C. S., Robey, D., & Vaverek, K. A. (1994). The persistence of status differentials in computer conferencing. *Human Communication Research*, **20**, 443-472.

Siegel, J., Dubrovsky, V., Kiesler, S., & McGuire, T. W. (1986). Group processes in computer-mediated communication. *Organizational Behavior and Human Decision Processes*, **37**, 157-187.

Spears, R., Lea, M., & Lee, S. (1990). De-individuation and group polarization in computer-mediated communication. *British Journal of Social Psychology*, **29**, 121-134.

Spears, R. & Postmes, T. (2015). Group identity, social influence, and collective action online: Extensions and applications of the SIDE model. In S. S. Sundar (Ed.), *The handbook of the psychology of communication technology* (pp. 23-46). West Sussex, UK: John Wiley & Sons.

Stroebe, W. & Diehl, M. (1994). Why groups are less effective than their members: On productivity loss in idea generating groups. *European Review of Social Psychology*, **5**, 271-304.

Sunstein, C. R. (2001). *Republic.com*. Princeton, NJ: Princeton University Press. （石川幸憲（訳）(2003). インターネットは民主主義の敵か 毎日新聞社）

Taylor, D. W., Berry, P. C., & Block, C. H. (1958). Does group participation when using brainstorming facilitate or inhibit creative thinking? *Administrative Science Quarterly*, **3**, 23-47.

塚本久仁佳・坂元 章（2001）. 電子ブレーンストーミングの生産性―四つのテクノロジーの比較― 心理学研究, **72**, 19-28.

都築誉史・木村泰之（2001）. 集団意思決定におけるコミュニケーションモードとリスキーシフトに関する並列制約充足モデル 守 一雄・都築誉史・楠見 孝（編） コネクショニストモデルと心理学―脳のシミュレーションによる心の理解―（pp. 119-133） 北大路書房

Valacich, J. S., Dennis, A. R., & Connolly, T. (1994). Idea generation in computer-based groups: A new ending to an old story. *Organizational Behavior and Human Decision Processes*, **57**, 448-467.

Wallach, M. A., Kogan, N., & Bem, D. J. (1962). Group influence on individual risk taking. *Journal of Abnormal and Social Psychology*, **65**, 75-86.

● 第6章

小柴 等・石垣 司・竹中 毅・櫻井瑛一・本村陽一（2013）. 行動履歴データとライフスタイル調査にもとづく顧客モデル構築技術 電気学会論文誌 C, 電子・情報・システム部

門誌, **133**(9), 1787-1795.

Takenaka, T., Koshiba, H., Motomura, Y., & Ueda, K.（2013）. Product/service variety strategy considering mixed distribution of human lifestyles. *CIRP Annals-Manufacturing Technology*, **62**（1）, 463-466.

竹中　毅・錦織浩志・渋谷行秀・辻　秀敏（2016）. サービス・ベンチマーキングによるサービス・プロフィット・チェーンの高度化に関する研究　サービス学会第4回国内大会論文集, 39-44.

人名索引

●A
Anderson, C.　92

●B
Bandura, A.　87

●C
Carayon, P.　19

●F
Feshbach, S.　87
Finkelhor, D.　54
Fisk, A. D.　18
藤　桂　9, 59, 64

●G
Granovetter, M. S.　78
Grudin, J.　123

●H
原田悦子　6, 16
橋本卓弥　17
橋元良明　67
速水治夫　123
Heskett, J.　147
Hightower, R. T.　115

●I
池田謙一　8
石黒　浩　16, 18

●J
Janis, I. L.　108

●K
上出寛子　16
柏原　勤　11
川上善朗　2
Kiesler, S.　121
木村泰之　112, 113
北村　智　11
Kowalski, R. M.　60
Kraut, R. E.　90
Kumazaki, A.　92
黒川雅幸　57, 61
黒須正明　34

●M
松尾太加志　35

McGrath, E. J.　109
McKenna, K. Y. A.　62

●N
中村雅章　107, 125
Nielsen, J.　31
西垣　通　4
西村多久磨　68
Norman, D. A.　22, 25, 27, 29, 41, 45, 48

●O
Osborn, A. F.　116

●R
Reicher, S. D.　62
Rohrer, C.　36

●S
坂元　章　89
Saunders, C. S.　121
柴田崇徳　16
Smith, P. K.　58, 63
Spears, R.　62, 114
Sproull, L.　61
Sunder, S. S.　11
Sunstein, C. R.　120
鈴木佳苗　57

●T
高比良美詠子　91
田中辰雄　9
塚本久仁佳　118
都築誉史　4, 7, 9, 13

●V
Valacich, J. S.　119

●W
Wallach, M. A.　110
Walther, J. B.　61, 65
渡辺美紀　17

●Y
山岡あゆち　88
Ybarra, M. L.　57
吉冨康成　9

事項索引

●あ
アイデア創出課題　116
アイデンティティ　62
アフォーダンス　11, 27
アンケート調査　5, 80, 136
アンドロイド　16

●い
意思決定課題　110
因果関係　80, 83-85
因子分析　144, 148
印象評価　16
インスペクション法　36
インターネット　8, 51, 52, 90, 120, 140
インターネット依存　10, 92
インターネット上のトラブル　53
インターネット・パラドックス　90
インターネットを介した出会い　57, 64
インタビュー　38
インタフェース　25
インタラクション　32

●う
ウェブ会議システム　122
ウォークスルー法　36

●え
エージェント　12
エモティコン　125
エンクレーブ型討議　120
炎上（フレーミング）　8, 9, 121

●お
オンラインデーティング　55

●か
概念モデル　29
顔文字　75, 125
加害行動　60, 72
仮想コミュニティ　89
カタルシス節　87
加齢　19
眼球運動測定　5

●き
教育啓発教材　103
協調作業　123

●く
グループウェア　123

●け
携帯メール　7
現状維持バイアス　116, 120

●こ
行為の7段階理論　25
公刊バイアス　86, 94
攻撃　61
攻撃行動　88, 93
攻撃性　91
行動指標　37
購買履歴データ　146
コーシャスシフト　111
顧客満足　152, 153
コミュニケーション　ⅲ , 75
コミュニティサイト　55
コラボレーション　123
コンサルティング　128, 153
コンピュータを介したコミュニケーション（CMC）　6, 108

●さ
サービス　135
サービス工学　134
サービス・サイエンス　140
サービス・プロフィット・チェーン（理論）　147, 153
サイバーカスケード　120
参加均等化　121
三角測量アプローチ　85

●し
シグニファイア　27
自己呈示　66, 67
実験　5, 84
質問紙　38
自動運転　130
シャイネス者　89
社会情緒的発言　124
社会的アイデンティティ　113
社会的学習説　87
社会的スキル　9
社会的手抜き　108
従業員満足　147, 153
集団　107
集団意思決定　110
集団課題循環モデル　109
集団極性化　108, 120
集団思考　108
集団的アイデンティティ　72
主観的評価　16
主要価値類似性モデル（SVSモデル）　12
需要予測　138
消費者行動　140
情報　1
情報革命　1
情報教育　71
情報濾過機能　109

168

職場環境　19
人工知能（AI）　4
人工知能研究　15
人工物　2, 11, 14, 21
深層学習　4
身体性　15
信頼　12

●す
スマートフォン（スマホ）　51, 103, 133
スリップ　42

●せ
生産マッチング　118
精神的不健康　90
制約　29, 45
生理的指標　37
選択ジレンマ課題　110

●そ
相関関係　80, 82
相談行動　58, 70
双方向型メディア　11
双方向的コミュニケーション　92
ソーシャル・ネットワーキング・サービス（SNS）　8, 11, 77
ソーシャルメディア　68
ソーシャルロボット　15
組織　19, 107

●た
第1発言効果　112
第5世代コンピュータ　4
対人関係　9
対面コミュニケーション　109
タスク　19
ただ乗り　118
脱個人化　113
脱個人化作用の社会的アイデンティティモデル（SIDEモデル）　62, 113

●ち
知能増幅（IA）　4
チャット　6
直接操作　33

●て
出会い系サイト　55
データ　1, 134
データアナリスト　128
敵意認知　9
テレビゲーム　81, 87, 93, 102, 104
電子掲示板　13
電子ブレインストーミングシステム（EBS）　118
電子メール　6, 7, 75
電話　6

●と
討議型民主主義　119
同調　108
匿名情報　13
匿名性　8, 60, 114

●な
内省　37
7つの基礎的原理　27

●に
二重の抑制　70
人間工学　22
人間中心の設計　23
認知工学　2, 22
認知心理学　22
認知的負荷　130

●ね
ネガティブ感情　57
ネチケット　9
ネットいじめ　54, 57
ネット調査　137
ネットパトロール　100

●は
パーソナリゼーション　139
パーソナルメディア　8, 11
ハイパー・パーソナル・コミュニケーション理論　65, 67
パス解析　10, 13
発話ブロッキング　118
パネル研究　82, 91
パラ言語　109

●ひ
非言語的コミュニケーション　108
非言語的手がかり　61
ビッグデータ　3, 133, 138
ヒューマンエラー　40, 42
ヒューマンファクターズ　23
ヒューリスティックス　11
ヒューリスティック法　36
評価概念　118

●ふ
フィードバック　29
フィードバック・ループ　67
フィルタリング　99, 120
不気味の谷　17
ブレインストーミング　116
フレーミング（炎上）　8, 9, 121
プロセスの損失　108

●ほ
暴力シーン　87, 94

●ま
マーケティング　139

事項索引　169

マス・カスタマイゼーション 139
マスメディア 2, 8, 11
マニュアル 35, 46
満足感 32

●み
ミステイク 41
名義集団 117

●め
メタ分析 86, 93
メディア 2, 79, 102
メディア（の）影響研究 79, 87
メディア・コミュニケーション 6
メンタルモデル 29, 30, 43
メンタルワークロード 37

●も
モノのインターネット化（IoT） 138
問題解決課題 115

●ゆ
有害情報 97
ユーザ 19
ユーザインタフェース 3
ユーザエクスペリエンス（UX） 32
ユーザビリティ 31
ユーザビリティテスト 36, 48
ユーティリティ 31
ユーモア 76
ユニバーサルデザイン 34

●よ
抑うつ 57, 91
弱い紐帯 78

●ら
ライフスタイル 143
ライフスタイル分析 145
ラプス 42

●り
リスキーシフト 111
利用動機 11

リワーク支援 77
倫理審査 98

●れ
レーティング 102

●ろ
ロボット 14

●わ
ワークシステムのモデル 19, 126

●アルファベット
AI（人工知能） 4
ARPANET 8
CMC（コンピュータを介したコミュニケーション） 6, 108
CREATE モデル 18
CSCW 124
EBS（電子ブレインストーミングシステム） 118
Facebook 77
IA（知能増幅） 4
ICT ⅲ
Internet of Things（IoT） 138
IoT（モノのインターネット化） 138
IT 革命 1
LINE 68, 77, 125
MAIN model 11
MUD 89
PaPeRo 15
PARO 15
Pepper 17
SIDE モデル（脱個人化作用の社会的アイデンティティモデル） 62, 113
SNS（ソーシャル・ネットワーキング・サービス） 8, 11, 77
SVS model（主要価値類似性モデル） 12
Twitter 11, 68, 77
UX（ユーザエクスペリエンス） 32
WWW 8

■シリーズ監修者

太田信夫　（筑波大学名誉教授・東京福祉大学教授）

■執筆者一覧（執筆順）

都築誉史	（編者）	はじめに，第1章，第5章
松尾太加志	（北九州市立大学）	第2章
藤　桂	（筑波大学）	第3章
坂元　章	（お茶の水女子大学）	第4章
竹中　毅	（産業技術総合研究所）	第6章

■現場の声　執筆者一覧　（所属等は執筆当時のもの）

現場の声1, 2, 3	松尾太加志	（北九州市立大学）
現場の声4	丸山淳市	（中京大学）
現場の声5	永野惣一	（リワークセンター東京）
現場の声6	坂元　章	（お茶の水女子大学）
現場の声7	松井博史	（アビームコンサルティング 株式会社）
現場の声8	千葉元気	（産業技術総合研究所）
現場の声9	錦織浩志	（株式会社 MS & Consulting）

【監修者紹介】

太田信夫(おおた・のぶお)

1971年　名古屋大学大学院教育学研究科博士課程単位取得満了
現　在　筑波大学名誉教授，東京福祉大学教授，教育学博士（名古屋大学）

【主著】
　記憶の心理学と現代社会（編著）　有斐閣　2006年
　記憶の心理学（編著）　ＮＨＫ出版　2008年
　記憶の生涯発達心理学（編著）　北大路書房　2008年
　認知心理学：知のメカニズムの探究（共著）　培風館　2011年
　現代の認知心理学【全7巻】（編者代表）　北大路書房　2011年
　Memory and Aging（共編著）Psychology Press　2012年
　Dementia and Memory（共編著）Psychology Press　2014年

【編者紹介】

都築誉史(つづき・たかし)

1987年　名古屋大学大学院教育学研究科博士課程単位取得退学
現　在　立教大学現代心理学部教授，博士（教育心理学，名古屋大学）

【主著】
　コネクショニストモデルと心理学（共編）　北大路書房　2001年
　認知科学パースペクティブ（編著）　信山社　2002年
　高次認知のコネクショニストモデル（共編）　共立出版　2005年
　認知心理学（New Liberal Arts Selection）（共著）　有斐閣　2010年
　思考と言語（現代の認知心理学3）（分担執筆）　北大路書房　2010年

シリーズ心理学と仕事20　ICT・情報行動心理学

| 2017年5月10日　初版第1刷印刷 | 定価はカバーに表示 |
| 2017年5月20日　初版第1刷発行 | してあります。 |

監修者　太田信夫
編　者　都築誉史

発行所　（株）北大路書房

〒603-8303　京都市北区紫野十二坊町12-8
電話（075）431-0361（代）
FAX（075）431-9393
振替　01050-4-2083

©2017

イラスト／田中へこ
印刷・製本／亜細亜印刷（株）

検印省略　落丁・乱丁本はお取り替えいたします。
ISBN978-4-7628-2964-2　Printed in Japan

・ JCOPY 〈(社)出版者著作権管理機構　委託出版物〉
本書の無断複写は著作権法上での例外を除き禁じられています。
複写される場合は，そのつど事前に，(社)出版者著作権管理機構
（電話 03-3513-6969,FAX 03-3513-6979,e-mail: info@jcopy.or.jp）
の許諾を得てください。